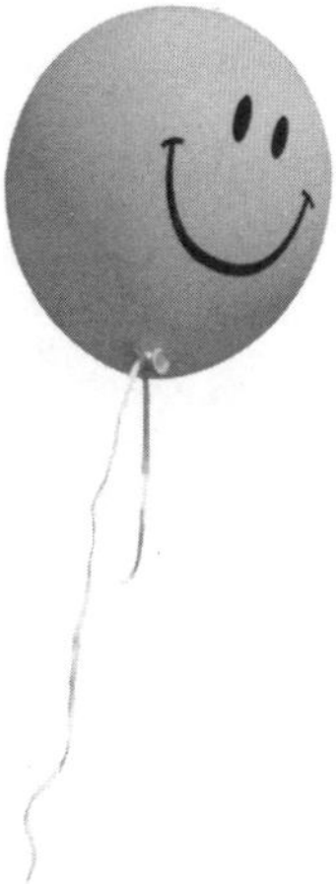

Acreditar para ser feliz

2-4-12-3.000-6.000

Direção editorial: **Flávio Machado**
Assistente editorial: **Renata Curi**
Imagens da capa: **Jane e Kalulu | iStockphoto.com**
Capa, projeto gráfico e editoração: **Ricardo Brito | Designdolivro.com**
Produtor gráfico: **Vitor Alcalde L. Machado**
Preparação: **Maiara Gouveia**
Revisão: **Petit Editora**
Impressão: **Sermograf – Artes Gráficas e Editora Ltda.**

Dados Internacionais de Catalogação na Publicação (CIP)
(Câmara Brasileira do Livro, SP, Brasil)

Cavalcanti, Sergito de Souza
Acreditar para ser feliz / Sergito de Souza Cavalcanti. – São Paulo : Petit, 2012.

ISBN 978-85-7253-202-0

1. Autoconhecimento – Teoria 2. Espiritismo 3. Felicidade 4. Rosa, Elcio 5. Realização pessoal 6. Sucesso I. Título.

12-01259 CDD: 133.9

Índices para catálogo sistemático:
1. Literatura espírita 133.9

Impresso no Brasil, no verão de 2012.

Prezado(a) leitor(a),

Caso encontre neste livro alguma parte que acredita que vai interessar ou mesmo ajudar outras pessoas e decida distribuí-la por meio da internet ou outro meio, nunca deixe de mencionar a fonte, pois assim estará preservando os direitos do autor e, consequentemente, contribuindo para uma ótima divulgação do livro.

SERGITO DE SOUZA
CAVALCANTI

ACREDITAR PARA SER FELIZ

petit editora

Rua Atuaí, 383/389 – Vila Esperança/Penha
CEP 03646-000 – São Paulo – SP
Fone: (0xx11) 2684-6000
www.petit.com.br | petit@petit.com.br

CONFORME NOVO ACORDO ORTOGRÁFICO

Aos meus queridos sobrinhos
ADRIANA, LEANDRO E ROMANA
dedico e consagro.

Ao meu netinho
CHIQUINHO
(Francisco Valentim Cayô Cavalcanti)
com toda a emoção do vovô Sergito.

“Oh! Amigos da Terra!
Quantos de vós podereis evitar o caminho da amargura
com o preparo dos campos interiores do coração ?
Acendei vossas luzes antes de atravessar a grande sombra.
Buscai a verdade, antes que a verdade vos surpreenda.
Suai agora para não chorardes depois.”

ESPÍRITO ANDRÉ LUIZ,
PSICOGRAFIA DE FRANCISCO CÂNDIDO XAVIER

"Senhor, fazei de mim um instrumento de Vossa paz..."

FRANCISCO DE ASSIS

"Tal como a borboleta está na lagarta
o reino de Deus está dentro de cada um de nós.
A maturidade da larva é que propicia
o voo da borboleta."

Sumário

PREFÁCIO

Sergito de Souza Cavalcanti – escritor de sucesso, orador inspirado, amigo do coração –, me pede uma carta de apresentação para *Acreditar para ser feliz*, seu "filho" mais novo, como se a paternidade não lhe bastasse como referência. Honrado com o convite, devo ressaltar que o autor, reconhecido divulgador da doutrina espírita–, nos dá, nesta obra memorável, valiosas lições práticas de espiritualidade – indispensáveis para a saúde do corpo e da alma.

Acreditar para ser feliz nos aproxima da verdadeira felicidade. Desde épocas imemoriais, a humanidade discute sua natureza, busca entendê-la para melhor alcançá-la. Na Grécia Antiga, *eudaimonia* significava a felicidade possível aos homens; literalmente, "o bem do espírito". O prefixo *eu* corresponde a *bem*; *daimon*, a *espírito*.

Os gregos, no entanto, consideravam-se felizes quando viviam bem, prósperos e saudáveis – independentemente do estado de espírito, relegado a um segundo plano. A fartura, a satisfação dos sentidos, a ociosidade, eram sinônimos de felicidade. Os filósofos da época empenharam-se em mudar essa forma de pensar.

Epicuro – filósofo ateniense que viveu nos anos 400 a.C. – afirmava que, ao vivenciar prazeres moderados, é possível experimentar a *eudaimonia*. Segundo acreditava, o homem feliz precisa de liberdade, amizade e tempo para filosofar. Moderação e prudência, segundo Epicuro, são virtudes essenciais para alcançarmos a *eudaimonia*. Alertava que muitas coisas que nos dão prazer também trazem consequências desagradáveis e perturbam a vida. Sendo assim, associava a *eudaimonia* à *ataraxia*, a libertação das preocupações, e à *aponia*, a ausência da dor.

Aristipo de Cirene (435 a.C.–335 a.C.) é considerado o fundador do hedonismo – filosofia que defende que o prazer, independente de sua origem, é o único caminho para a felicidade. Enquanto para os epicuristas a satisfação sensorial deva ser praticada desde que não cause prejuízos, os hedonistas afirmavam o contrário. Para eles, o prazer ilimitado é o único sentido da existência.

Sócrates (469 a.C.–399 a.C.), criador da *maiêutica* – processo dialético e pedagógico, em que se multiplicam as perguntas a fim de se obter, por indução, um conceito geral do objeto em questão –, contemporâneo de Aristipo, entendia a *eudaimonia* de uma forma revolucionária. Pregava que somente os justos, os virtuosos, alcançariam a plena felicidade. E convidava seus contemporâneos a se conhecerem melhor, com a intenção de os livrarem dos vícios e imperfeições. A ousadia lhe causou a condenação à morte, mas lhe assegurou o florescimento de sua filosofia.

Platão (428 a.C.–348 a.C.) – discípulo de Sócrates e responsável por registrar e desenvolver o pensamento de seu mestre –, reforçou o seu conceito de felicidade: para ser feliz basta ser virtuoso. O poder, o prestígio, a posse de bens materiais ou a satisfação dos sentidos não proporcionam a *eudaimonia*. Em *Górgias*, um dos diálogos de Platão, o filósofo argumenta que a prática do mal afasta o homem da *eudaimonia*, condenando-o ao sofrimento. Contrariando o pensamento vigente, afirmava que, mesmo sofrendo, o homem poderia ser feliz.

Aristóteles (384 a.C.–322 a.C.), aluno de Platão, afirmou que a *eudaimonia* é o maior de todos os bens. Para ele, conquistá-la exige uma existência inteira dedicada à virtude, não bastam atos extemporâneos. Seus ensinamentos serviram de base para a construção da filosofia e teologia católica.

Os estoicos – seguidores de Zenão de Cítio, que viveu nos anos 300 a.C. – preconizavam a indiferença diante dos males da vida. Zenão, influenciado por Sócrates e Epicuro, reunia seus discípulos em locais públicos e lhes transmitia sua filosofia. Destacava a importância de se respeitar a natureza, a ordem racional das coisas. Recomendava um comportamento impassível diante dos acontecimentos, uma imperturbável fortaleza de ânimo, muitas vezes confundida com a insensibilidade.

Para Santo Agostinho (354 – 430), a verdade e a felicidade residem apenas em Deus. Não obstante seja um dom do Criador, para alcançá-las o cristão precisa purificar a alma. Deve procurá-las, mas entendendo que obter a felicidade independe de sua vontade. Para merecê-la, é imprescindível seguir os sagrados mandamentos da Igreja.

Tomás de Aquino (1225–1274) – criador da Teologia e Filosofia da Igreja Católica Apostólica Romana cujos fundamentos foram inspirados no pensamento aristotélico –, descreveu a felicidade como um encontro com Deus, com sua essência – o bem supremo que podemos almejar. Somente os virtuosos serão gratificados com a visão de Deus, afirmava Aquino.

Na Inglaterra, em plena Era Vitoriana, Jeremy Bentham (1748–1832), John Stuart Mill (1806–1873) e James Mill (1773 –1836), pensadores liberais, difundiram o utilitarismo, filosofia que recomenda o princípio do bem-estar máximo para a felicidade geral: "Quanto maior o benefício oferecido à coletividade, tanto melhor a decisão ou a ação".

Sigmund Freud (1856 – 1939), o Pai da Psicanálise – estudioso do comportamento humano e de seus desdobramentos –, afirmou que a felicidade, não se encontra ao alcance dos homens. Movidos pelo "princípio do prazer" – a busca da satisfação e a recusa da dor –, obtemos apenas uma parcela de felicidade, uma porção limitada de *eudaimonia*.

Hippolyte Léon Denizard Rivail (1804–1869), intelectual, educador, escritor e livre pensador, sob o pseudônimo de Allan Kardec – seu nome em uma de suas encarnações entre os druidas, revelado por espírito de ordem elevada –, publica em 1857, em Paris, na França, *O Livro dos Espíritos*. Neste manual de conduta para os homens que desejam encontrar a verdadeira felicidade, luminares do mundo espiritual respondem a Kardec, esclarecendo quem somos, de onde viemos e para onde vamos. A esta obra magna, a qual ressalta o autoconhecimento e a reforma íntima, seguiram-se *O Livro dos Médiuns* (1861), *O Evangelho segundo o Espiritismo* (1864), *O Céu e o Inferno* (1865) e *A Gênese* (1868).

No terceiro capítulo de *O Céu e o Inferno* (Rio de Janeiro: Federação Espírita Brasileira, FEB) encontramos significativo esclarecimento sobre a *eudaimonia*: "Por toda parte, enfim, há uma felicidade relativa a todos os progressos, a todos os deveres cumpridos, trazendo cada um consigo os elementos de uma felicidade, decorrente da categoria em que se coloca pelo seu adiantamento. (...) Entretanto, a felicidade não é pessoal: se a possuíssemos somente em nós mesmos, sem poder reparti-la com outrem, ela seria tristemente egoísta. Também a encontramos na comunhão das idéias que une os seres simpáticos".

Sergito de Souza Cavalcanti – filósofo dos bons, e como tal alheio a essa condição – nos conduz, em *Acreditar para ser feliz*, aos braços da felicidade, a decantada *eudaimonia*. Sequer imaginamos, ao folheá-lo, que um livro tão simples, um entretenimento tão agradável e saudável, cumpra, à excelência, o papel de decifrar um enigma milenar.

AFONSO MOREIRA JR.[1]

1. **Afonso Moreira Jr.** é membro do Conselho Deliberativo da Federação Espírita do Estado de São Paulo (Feesp), na qual atua na condição de médium e orador. É autor do romance espírita *Alma de mulher em corpo de homem* (São Paulo: Butterfly Editora), fundador do Grupo Espírita Geam [Santana, bairro da Zona Norte de São Paulo], editor do *site* www.jornaldosespiritos.com., e também o apresentador do programa Consciência Espírita, transmitido pela Rádio Boa Nova de Guarulhos (1450 AM) e pela TV Mundi, TV Mundo Maior e TV CEI (Conselho Espírita Internacional).

Incrível, fantástico, extraordinário

"O fim providencial das manifestações espíritas é convencer os incrédulos de que tudo, para o homem, não se acaba com a vida terrestre e dar aos crentes ideias mais justas sobre o futuro."

Allan Kardec[2]

Era dia de finados do ano de 1993 e acompanhado de alguns confrades do Grupo Amor e Progresso, de Montilla, na Espanha, viajamos para Lagos, na região do Algarve, em Portugal.

Seria realizada ali, no Hotel Golfinho, as 2ª Jornadas Espíritas Culturais de Lagos, nesse ano com a presença do grande orador espírita brasileiro, José Raul Teixeira. A reunião comemorativa começa sob a presidência da querida irmã Julieta Marques, que tem ao seu lado a figura bondosa de Jõao Xavier de Almeida, presidente da Federação Espírita

2. KARDEC, A. *O Livro dos Médiuns*. Cap. 6º, item 104.

Portuguesa. Feita a prece inicial, é dada a palavra a Raul Teixeira que conta:

"A família de Alexandrino Ferreira, depois de um dia de trabalho, preparava-se para jantar e comentava o estranho sumiço de Olegário, irmão mais velho de Alexandrino, que há muito tempo deixara sua fazenda para trabalhar em outra propriedade, não mandando, depois disso, notícias sobre seu paradeiro. Olegário era solteirão e, apesar de boa pessoa, era homem sistemático que não gostava de ser estorvo para ninguém, muito menos para seu irmão Alexandrino, a quem muito estimava. A conversa, naquela noite, foi quase só a respeito da falta de notícias do Olegário e de seu estranho temperamento. Alexandrino, muito preocupado, dizia que quando o irmão aparecesse não o deixaria mais sair da fazenda, pois já não era mais jovem para essas andanças. Agora, com a reforma da casa, sobrara um grande quarto, onde, se quisesse, poderia viver tranquilamente. Já se aproximava da meia noite quando Alexandrino Ferreira, sua esposa e seus dois filhos ouvem alguém batendo insistentemente na porta principal da fazenda. Com medo, pensaram mesmo em não abrir, pois chovia muito, era tarde e poderia ser algum malfeitor. As batidas voltam a se repetir, agora mais fortes, e alguém grita: "Sou eu Alexandrino, seu irmão Olegário". O garoto menor pega a lanterna, dirige-se à porta e, exultante de alegria, manda seu tio entrar. Todos se alegram com a visita inesperada de tio Olegário, que há muitos anos não viam. Olegário estava encharcado de água da cabeça aos pés, suas botas enlameadas sujavam o chão da grande sala. Sua fisionomia cansada, mais magro e com a barba por fazer, fez com que seu irmão dissesse: "Agora Olegário, você vai viver sempre conosco, pois sua idade não comporta mais essas extravagâncias. O melhor quarto da casa é o de hóspedes e será, de agora em diante, somente seu. O garotinho menor, que ainda não conhecia seu tio, sobe no seu colo e, brincando, puxa sua barba. A mulher de Alexandrino serve um saboroso café com bolo, que é compartilhado por todos. Conversam alegremente até próximo das três da manhã, quando, já com sono, resolvem dormir. Olegário recolhe-se a seu novo quarto. Todos, ainda alegres com a grata surpresa, apagam as luzes e vão dormir. De manhã bem cedinho, a casa é acordada por um mensageiro que traz um telegrama urgente, que dizia: "Seu irmão Olegário Ferreira faleceu ontem na cidade de Sapezal". Alexandrino dá uma gostosa gargalhada, pensando ser mais uma das brincadeiras de Olegário, que ainda não perdera o hábito de enviar telegramas desencontrados, dizendo às vezes que chegaria a tal hora de tal dia e acabava chegando horas depois do telegrama. Desta feita, Olegário se enganara e o telegrama chegara depois. Mesmo assim, curioso, Alexandrino foi verificar como andava o sono do irmão no quarto de hóspedes e, qual não foi sua surpresa, quando encontrou o aposento totalmente arrumado, com todas as roupas de cama limpas e postas, sem o mínimo sinal da presença de Olegário. Confirmada a morte de Olegário, a família procurou, assombrada, o pároco da igreja que frequentavam. Ao ouvi-los, o padre dá sua opinião, acreditando que todos naquela noite tiveram uma espécie de ilusão coletiva, aconselhando todos a esquecerem o fato e redobrarem suas orações".

Raul Teixeira diz que esse acontecimento foi contado pelo conhecido jornalista Silveira Bueno, filho de Alexandrino, o mesmo que, naquela noite, abrira a porta para seu tio entrar. Toda a plateia presente ao encontro fica estarrecida diante do relato. Não fora a grandeza moral e espiritual do expositor, muitos teriam o fato como impossível.

Raul Teixeira explica então, que, apesar de raro, o acontecido pode ser explicado à luz da Doutrina Espírita, se todos na família de Alexandrino fossem médiuns, o que é difícil, mas não impossível.

Voltei para a Espanha com vontade de estudar mais e de me aprofundar a respeito do acontecimento daquela noite memorável. Recorrendo às obras básicas de nossa Doutrina observei que o ocorrido nada tinha de miraculoso e extraordinário, sendo, apenas, fato raro, mas completamente viável e totalmente explicado sob a ótica espírita.

O aparecimento do espírito totalmente materializado, tangível, que chega, inclusive, a tomar café e a comer, é possível devido à natureza e às propriedades do perispírito que, por ação de um médium presente, faz com que o perispírito entre em contacto com uma imensidade de fluidos, que sabemos existirem sem que, entretanto, jamais o tenhamos visto.

O Livro dos Médiuns, no sexto capítulo, que trata "Das Manifestações Visuais", no item 105 diz, entre outras coisas: "Quando o Espírito nos aparece, é porque provocou no seu perispírito o estado necessário para torná-lo visível; mas para isso só a sua vontade não basta, porque a modificação do perispírito se dá pela combinação do seu fluido com o do próprio médium; porém, essa combinação nem sempre é possível, o que explica por que a visibilidade dos Espíritos não é geral. Assim, não basta que o Espírito queira tornar-se visível; também não basta que uma pessoa queira vê-lo: é preciso que os dois fluidos possam se combinar, que exista entre eles uma espécie de afinidade; é preciso também que a emissão do fluido da pessoa seja abundante o suficiente para operar a transformação do perispírito, e provavelmente haja outras condições que desconhecemos; é preciso, ainda, que o Espírito tenha a permissão de se tornar visível a tal pessoa, o que nem sempre lhe é concedido ou apenas o é em algumas circunstâncias, por motivos que não temos condições de avaliar."

No item 100, questões 24 e 26, de *O Livro dos Médiuns*, ajudam-nos a esclarecer o assunto: "Como no sonho, não os podeis pegar em seu estado normal. Entretanto, podem causar impressão ao toque, deixar traços de sua presença e, em certos casos, tornar-se momentaneamente tangíveis, o que prova que entre eles e vós existe matéria."

Ao responder de que depende para o homem a faculdade de ver os espíritos em estado de vigília os espíritos responderam: "Essa faculdade depende do organismo físico e da propensão maior ou menor que o fluido do vidente tem de se combinar com o do Espírito. Assim, não basta o Espírito querer se mostrar; é preciso encontrar na pessoa para quem ele deseja se tornar visível uma aptidão necessária."

O objetivo providencial de tais manifestações é convencer os incrédulos de que tudo, para o homem, não se acaba com a vida terrestre e é, também, a possibilidade de fornecer aos crentes ideias mais justas sobre o futuro.

Fazer-me bom

"A destinação do ser humano é ser feliz.
E a verdadeira fórmula da felicidade é a realização de
um constante trabalho interior." Espírito Hammed

Uma senhora em Córdoba, na Espanha, entra em um açougue e espera sua vez de ser atendida, já que ali se encontravam muitas pessoas. Ao entrar, na calçada, encontra no chão uma nota de duas mil pesetas.

À sua frente, começa a se desenrolar um espetáculo constrangedor. O dono do estabelecimento, muito nervoso e muito bruto, começa a destratar uma humilde senhora que lhe devia duas mil pesetas. Falando alto e gesticulando muito, humilhava aquela senhora, ameaçando-a de não mais lhe vender nada. Ao ouvir as ameaças do açougueiro, a mulher que achara as duas mil pesetas grita:

"Perdão, seu Manuel, eu é que estou em falta com o senhor e não ela, pois esta minha amiga me pediu ontem para que passasse aqui e lhe pagasse. Como não pude vir, ela, sem querer, ficou em falta com o senhor. Estão aqui as duas mil pesetas que ontem ela me entregou para que lhe pagasse".

Em Washington, nos Estados Unidos, Jermaine, de 26 anos, conhece Michelle, de 24 anos, quando começaram a trabalhar numa empresa de recursos humanos. Logo se fizeram amigos e era comum vê-los sempre conversando nas horas de descanso. Um dia, porém, a desgraça se abate sobre Michelle, que contrai uma terrível doença renal que lhe obrigou a ficar onze meses na lista de espera de doadores de rins. Por três dias na semana, durante três horas, conectavam a seu corpo um aparelho de diálise renal, para filtrar seu sangue. Um dia, seu amigo Jermaine lhe visitou, e ela, emocionada, lhe contou como era difícil e deprimente estar totalmente dependente daquela máquina e daquele hospital. A jovem padecia de fadiga crônica, desmaios e dores nas articulações. Sua vida, antes alegre e saudável, de uma hora para outra se transformou em um pesadelo. Perdera até mesmo seu sorriso, antes tão bonito e alegre. A mãe de Michelle, por sofrer de hipertensão arterial, não reunia os requisitos essenciais para doar seus rins. Por medo, seus dois irmãos não se dispunham a fazer a doação. Diziam sempre a Michelle que a queriam muito, mas tinham também muito receio de viver somente com um rim. Assim, o calvário de Michelle se estendia por longos onze meses. Jermaine saiu, aquele dia, muito abalado da casa de Michelle. Presenciava sua amiga morrer ante seus olhos. O que devia fazer? Sentar-se e observar como ia Michelle? Resolveu agir, procurando se submeter a todos os testes médicos e determinar se seu rim era transplantável.

Uma semana depois, emocionada, Michelle se dirige à sala de operações e recebe o rim de seu amigo Jermaine. Hoje, tanto Michelle como Jermaine estão restabelecidos.

"Corro três vezes por semana", diz Michelle.

Uma vez ao mês, se reúnem para o que chamam de "almoço de gratidão". Apesar da ocasional pressão de seus amigos, nenhum dos dois deseja iniciar uma relação amorosa. "Nós sentimos muito agradecidos pela linda amizade que temos. Não queremos perder algo tão bom", diz Michelle.

Até hoje, as pessoas se perguntam o que teria levado Jermaine a fazer aquilo e ele diz:

"Pedi a Deus que me iluminasse para saber o que teria que fazer, e essa foi a sua resposta".

Que lindos exemplos de bondade nos oferecem a senhora de Córdoba e o jovem doador de Washington. Não há no mundo caridade maior do que a de doar-nos ao nosso semelhante. Às vezes, é fácil preenchermos um cheque e fazermos uma doação. Dar do que nos sobra é meritório, mas nos doarmos é algo mais divino e sublime. Se refletirmos bem, perguntaremos a nós mesmos: para que estamos aqui na Terra? Para melhorar o mundo? Não. Para melhorar a humanidade? Não. O primeiro é desnecessário, e o segundo é impossível. Entretanto, uma coisa posso fazer e ninguém poderá fazer por mim: "fazer-me bom".

Somente seremos felizes se nos habituarmos a servir. Só pode amar, realmente, quem está disposto a servir. Temos milhares de maneiras de ajudar nossos semelhantes. Se estivermos dispostos e comprometidos a auxiliar, as oportunidades de servir serão infinitas.

JOGANDO BOLAS NO COLCHÃO

"Quando a mágoa entra pela porta
da frente do coração, a felicidade
sai pela porta do fundo."

Espíritos superiores não se ofendem; são imunes à ofensa. Entendem e sempre relevam seus acusadores. Mahatma Ghandi (1869 – 1948), o grande pacificador, quando interrogado sobre o perdão, sentiu dificuldade para responder e se justificou: em nenhuma ocasião sentira-se ofendido por seus opositores. Compreendeu seus desafetos, entendendo que o ressentimento aparece quando nos sentimos ofendidos, e, segundo ele, ninguém lhe havia feito qualquer mal. Entendia que, para que fôssemos felizes, tínhamos que ser bons, relevando as ofensas, pois felicidade é algo que depende apenas de nós mesmos. Essa postura deve ser a do homem que já entendeu que sua felicidade depende dele mesmo e, por isso, está pronto a perdoar toda e qualquer ofensa. Ninguém pode nos fazer infeliz sem o nosso consentimento.

Não perdoar significa atraso moral do espírito, pois, em última análise, o perdão sempre é melhor para quem perdoa. Quando perdoo, sinto-me livre da sintonia de ódio com o meu opositor.

As pessoas que não perdoam e se ressentem por poucas coisas, por motivos tolos, são enfermas espirituais. Deixaram-se levar pelo ego, e o egoísmo é uma verdadeira doença a nos consumir internamente. Quando pisamos no rabo de um cachorro, ele não vai pensar se vai ou não reagir. Ele reagirá, pois sua reação é instintiva. Faz parte de sua natureza. Nós, seres humanos, somos seres pensantes e temos por obrigação controlar nossos sentimentos. Quando jogo uma bola em um colchão, ela cai imediatamente no chão porque é amortecida pela flexibilidade do material de que é feito o colchão. Assim acontece conosco quando não revidamos as ofensas, amortecendo-as com a razão. Se, entretanto, a bola é jogada na parede dura, ela voltará a nós, pois a ofensa será devolvida. A bola voltará porque bateu em algo sólido, que responde à mesma força que é lançada.

Não revidar ofensas, na fase atual que vivemos, é realmente difícil para a maioria das pessoas. Entretanto, se estamos decididos a ser felizes e melhores, temos que nos vigiar mais, controlar melhor nosso ego, nossas emoções. O ressentimento nos é muito prejudicial, pois vem do amor próprio exagerado, e temos consciência de que, ao falar do mal que alguém nos fez, geramos, quase sempre, um mal orgânico. Uma pessoa que guarda mágoa não pode ser feliz, pois a mágoa está relacionada com o passado. Abrigar, em nosso íntimo, a mágoa, o ressentimento, provoca, no organismo, a liberação de substâncias prejudiciais, as quais poderão gerar diversos distúrbios da saúde. Entre esses distúrbios, assinalamos a possibilidade da multiplicação indiscriminada de células cancerosas ou a formação de tumores malignos. Temos que combater a mágoa com o Evangelho, pois, sem que percebamos, ela pode se transformar em aversão, e esse sentimento é campo fértil para o desenvolvimento de dolorosos processos obsessivos que nos farão sofrer muito.

Espíritos bons e de luz não costumam acompanhar pessoas que guardam mágoas ou rancores. Guardar ressentimento é beber veneno e pretender que o outro morra. A prece é um poderoso recurso que podemos usar para envolver nossos desafetos em um clima de compreensão e entendimento. Fazer meditações diárias, orar pelos que não nos querem bem, é algo que podemos usar em favor de nós e de nossos semelhantes. Há um ditado que diz: "em contato com a luz, a escuridão cessa."

A origem da palavra perdão vem do latim "perdonare", que é formada pela junção do prefixo "per" (através de) com a palavra "donare", que representa o ato de doar, ou, melhor ainda, dar-se. O perdão liberta quem o pratica. É um ato de grandeza de espírito, que representa, acima de tudo, uma doação. Perdoar é, pois, antes de tudo, um ato de amor e inteligência. Mesmo ao acreditarmos que nossos desafetos não mereçam nosso perdão, é necessário perdoá-los, para que possamos nos livrar da sintonia formada pelo ódio. Quando perdoo, me livro dessa sintonia e me sinto livre dela. Se não perdoo, posso levar o meu desafeto até para debaixo de meus lençóis e, ao deitar, perder sempre o sono, pensando no mal do qual fui vítima. Às vezes, temos que procurar o outro e assumir uma atitude de concórdia, conversar e pedir perdão pessoalmente. É importante não alimentarmos em nosso íntimo a mágoa e a desarmonia.

A mensagem "Construindo Pontes"[3] é muito bonita e merece nossa reflexão:

> "Foi a primeira grande desavença em toda uma vida de trabalho lado a lado. Mas agora tudo havia mudado. O que começou com um pequeno mal entendido finalmente explodiu em uma troca de palavras rápida, seguidas por semanas de total silêncio. Em uma manhã, o irmão mais velho ouviu alguém bater a sua porta.
>
> – Estou procurando trabalho. – disse ele. – Talvez você tenha algum serviço para mim.
>
> – Sim. – disse o fazendeiro. – Claro! Vê aquela fazenda ali, além do riacho? É do meu vizinho. Na realidade, é do meu irmão mais novo. Nós brigamos e não posso mais suportá-lo. Vê aquela pilha de madeira ali no celeiro? Pois use-a para construir uma cerca bem alta.
>
> – Acho que entendo a situação – disse o carpinteiro.
>
> – Mostre-me onde estão a pá e os pregos.
>
> O irmão mais velho entregou o material e foi para a cidade. O homem ficou ali cortando, medindo e trabalhando o dia inteiro. Quando o fazendeiro chegou, não acreditou no que viu: em vez de uma cerca, uma ponte foi construída ali, ligando as duas margens do riacho. Era um belo trabalho, mas o fazendeiro ficou enfurecido e falou:

3. MELO, Ricardo. *Lições da vida para ser feliz*. Belo Horizonte: Editora Idede.

– Você foi atrevido construindo essa ponte depois de tudo que lhe contei.

Mas as surpresas não pararam aí. Ao olhar novamente para a ponte, viu o seu irmão se aproximando de braços abertos. Por um instante, permaneceu imóvel do seu lado do rio. O irmão mais novo então falou:

– Você realmente foi muito amigo construindo esta ponte, mesmo depois do que eu lhe disse.

De repente, em um impulso, o irmão mais velho correu na direção do outro e abraçaram-se, chorando no meio da ponte. O carpinteiro que fez o trabalho partiu com sua caixa de ferramentas.

– Espere! Fique conosco! Tenho outro trabalho para você!

E o carpinteiro respondeu:

– Eu acredito, mas tenho outras pontes a construir...

Imagine como as coisas seriam mais fáceis se parássemos de levantar cercas e muros e passássemos a construir pontes com nossos familiares, amigos, colegas de trabalho e, principalmente, nossos inimigos? Muitas vezes desistimos de quem amamos por causa de mágoas, rancores e mal entendidos. Cabe a nós dar o primeiro passo. Quanto mais amigos tivermos, melhor nos sentiremos porque, na verdade, amar é muito bom e ser amado é melhor ainda. Construamos pontes ao nosso redor para que possamos ser mais felizes. Há um ditado popular que diz que: "Quando a mágoa entra pelas porta da frente do coração, a felicidade sai pela porta do fundo."

Nem no céu, nem no inferno

> "Trazemos em nós mesmos o nosso Inferno e o nosso Céu, independente do local em que estejamos."

Durante muito tempo, o homem, intuitivamente, acreditou na existência de lugares circunscritos para os quais seria levado após a morte. Os bons iriam para o Céu e os maus, para o Inferno. Ainda hoje, muitas Igrejas propagam a ideia de que as almas, após a morte, irão definitivamente para um desses dois lugares, e lá ficariam eternamente, deliciando-se no Paraíso, ou queimando no fogo eterno do Inferno. A Doutrina Espírita desmistificou essa ideia de Céu e de Inferno como locais geográficos, substituindo a ideia de punição por um processo educativo. Deus, nosso pai de bondade e perfeição, nunca iria criar locais punitivos nos quais seus filhos faltosos não mais teriam oportunidade de remissão. Sendo a justiça divina educativa, teremos sempre novas oportunidades evolutivas através de sucessivas encarnações, que nos trarão sempre novas oportunidades de refazermos equívocos pretéritos. Não fosse assim, Jesus não nos teria dito que somos deuses e que nenhuma de suas ovelhas se perderia.

Essa ideia de Céu e Inferno circunscritos resulta de simples alegorias criadas pelas Igrejas dogmáticas e são decorrentes da visão não reencarnacionista dessas Igrejas.

A Doutrina Espírita parte do princípio de que as penas e os gozos são inerentes ao grau de perfeição dos espíritos. Cada criatura é feliz ou infeliz, está no Céu ou no Inferno, de acordo com sua consciência e com seus atos, seja aqui ou no mundo espiritual. E como os espíritos se encontram em toda parte, não existe um lugar fechado e limitado para atuarem. O quinto princípio, dos trinta e três inseridos na primeira parte, no 7º capítulo de *O Céu e o Inferno*, de Allan Kardec, ao qual denominou "Código Penal da Vida Futura", diz o seguinte:

"Dependendo o sofrimento da imperfeição, como o gozo da perfeição, a alma traz consigo o próprio castigo ou prêmio, onde quer que se encontre, sem necessidade de lugar circunscrito." Dessa forma, podemos afirmar que trazemos em nós mesmos o nosso Inferno e o nosso Céu, independente do local em que estejamos. Em relação a essa ideia de localização fixa para o Céu e para o Inferno, Jesus nos ensinou claramente que o Reino dos Céus está dentro de cada um de nós e, consequentemente, também o Inferno.

Como não existem penas eternas, todos nós, filhos de Deus, caminhamos para a perfeição divina à medida que nos sintonizamos com o reino de Deus existente em nós mesmos. Com o tempo, as imperfeições serão eliminadas e, passo a passo, encarnação após encarnação, nos transformaremos em seres puros e angelicais. Pelo esforço e vontade própria, o futuro está aberto a todos, já que "Deus não faz acepção de pessoas"[4] e todas as criaturas recebem o mesmo potencial no instante da largada rumo à felicidade, diferenciando-se na trajetória em razão da liberdade de escolha. No entanto, a chegada é igual para todos: a perfeição. Muitas vezes, débitos contraídos em existências anteriores fazem a diferença na vida atual. Quantos de nós chegamos a culpar Deus por nossas desditas, esquecidos de que Deus não privilegia nem penaliza ninguém. Somos sempre nós mesmos os autores de nossa felicidade ou infelicidade.

A crença de que se alcança a salvação da alma pelo intermédio da graça de Deus faz parte dos dogmas de várias religiões. O Espiritismo, doutrina que promove a fé raciocinada, nos ensina que "fora da caridade não há salvação". Ou seja, nos elevamos a Deus desde que sejamos capazes de amar ao próximo como a nós mesmos e endereçar a ele aquilo que gostaríamos de receber. Estar em Deus, na verdade, é comungar com Ele, é se alinhar, pela vibração, com as leis divinas. O homem é herança de si mesmo. Somos donos de nosso futuro e sempre receberemos de acordo com nossos atos e ações. Como, na verdade, Deus não castiga nem dá prêmios, diremos, em outras palavras, que somos recompensados ou prejudicados pelas nossas próprias ações.

A lenda que recordamos a seguir expressa, de forma didática, a ideia de Céu e de Inferno, de acordo com a concepção espírita:

---

4. Atos, 10:38.

Conta-se que, um dia, um samurai grande e forte, conhecido por sua índole violenta, foi procurar um sábio monge em busca de respostas para suas dúvidas:

– Monge – disse o samurai, com sincero desejo de aprender – ensina-me sobre o Céu e o Inferno.

O monge, de pequena estatura e muito franzino, olhou para o bravo guerreiro e, simulando desprezo, lhe disse:

– Eu não poderia ensinar-lhe coisa alguma; você está imundo. Seu mau cheiro é insuportável. Ademais, a lâmina de sua espada está enferrujada. Você é uma vergonha para a sua classe.

O samurai ficou enfurecido; o sangue lhe subiu pelo rosto e ele não conseguiu dizer nenhuma palavra, tamanha era a sua raiva. Empunhou a espada, ergueu-a sobre a cabeça e se preparou para decapitar o monge.

– Aí começa o Inferno – disse-lhe o sábio, mansamente.

O samurai ficou imóvel. A sabedoria daquele pequeno homem o impressionara. Afinal, arriscou a própria vida para lhe ensinar sobre o Inferno. O bravo guerreiro abaixou lentamente a espada e agradeceu ao monge pelo valioso ensinamento. O idoso sábio continuou em silêncio. Passado algum tempo, o samurai, pacificado, pediu humildemente ao monge que lhe perdoasse o gesto infeliz. Percebendo que seu pedido era sincero, o monge lhe respondeu:

– Aí começa o Céu.[5]

Surpreendidos pelas mais diversas e infelizes situações, podemos optar por cavar abismos de incompreensão ou abrir

---

5. BOBERG, J.L. *Nem céu nem inferno*. O Código Penal dos Espíritos. 1. ed. Capivari: Editora EME, 2007.

a fonte do diálogo que nos possibilite alcançar a felicidade. A decisão depende sempre de nós mesmos. Somente de nossa vontade dependerá nosso estado íntimo. Portanto, criar Céus ou Infernos dentro de nossa alma é algo que ninguém poderá fazer por nós. É da lei que o Divino se identifique com o que seja Divino, porque ninguém contemplará o Céu se acolhe o Inferno no coração.[6]

6. XAVIER, F. C. *Pão Nosso*. Lição 156. Pelo Espírito Emmanuel. Rio de Janeiro: Federação Espírita Brasileira, 2007.

Nutrição espiritual

"O afeto é o primeiro degrau para o amor."

A afetividade é algo muito importante em nossas vidas. Somos, de uma maneira geral, carentes de afeto. Temos, pois, que educar nossos sentimentos e externar gestos afetuosos, perceber que carícias e afagos nos fazem bem, nos nutrem espiritualmente. Pessoas afetuosas nos deixam saudosos. E como é bom acariciar e ser acariciado, abraçar e ser abraçado! O amor é como uma plantinha tenra que necessita sempre de cuidados especiais. No entanto, se não for bem cuidada, morre. Abraçar, beijar, acariciar, andar de mãos dadas, dizer palavras carinhosas são atitudes importantes em um relacionamento e devemos usá-las sempre para que a relação com nosso(a) companheiro(a) se mantenha sempre harmoniosa.

Como é bom ouvir da pessoa amada frases como: "eu te amo muito!", "você é a razão da minha vida!" ou "sem você não sei o que seria de mim!" Quanto nos faz bem abraçar a pessoa amada durante alguns momentos, permutar essas doces energias que só o amor e a amizade são capazes de proporcionar! Devemos, ou melhor, já deveríamos saber que beijos, abraços e carícias são fundamentais, não apenas entre jovens enamorados, mas, principalmente, entre marido e mulher, pais e filhos. O afeto é algo fundamental em nossas vidas, é o primeiro degrau para o amor. Não podemos permitir que os afazeres do dia a dia enfraqueçam nossos laços afetivos.

É de fundamental importância que procuremos estar, sempre que possível, próximos de nossa família. É o que chamamos de proximidade emocional, ou seja, quando temos tempo para nossos entes queridos. O Espírito André Luiz nos alerta que quando os componentes de uma família perdem o gosto pela conversa, a afetividade logo deixa o lar. Isso ocorre porque estamos acostumados ao monólogo, isto é, a falar e exigir sem escutar e acatar. É preciso saber ouvir, dar atenção ao cônjuge e, principalmente, reconhecer que nos momentos de divergência o outro pode estar com a razão.

O diálogo é algo fundamental no relacionamento a dois. A condição para que o diálogo ocorra é que o casal esteja disposto a conseguir um tempo para que a conversa aconteça.Um bom diálogo favorece a harmonia em pontos controvertidos do relacionamento. Bem diferente é o monólogo, atitude na qual apenas um fala, sem permitir que o outro exponha sua opinião. É lamentável como a maioria dos casais discute, sem conseguir controlar as emoções. E nesses momentos de invigilância, ofendemos, ferimos e magoamos aqueles a quem amamos.

Conta-se que, certa vez, nosso querido Chico Xavier foi procurado por um homem muito mal educado, que o ofendeu bastante. Quando Chico quis argumentar algo em sua defesa, aproximou-se dele o Espírito Emmanuel e lhe sugeriu que, ao invés do revide, ele usasse a "água da paz".

A sugestão do mentor espiritual foi que Chico colocasse na boca um pouco da água que estava em um copo à sua frente e não a engolisse, deixando o homem continuar seus ataques. E assim ocorreu. Passados alguns instantes, o homem cansou de atacá-lo, retirando-se em seguida, constrangido pelo silêncio do Chico. Quando ocorrerem discussões domésticas, se tivermos o bom senso de usarmos a "água da paz", muitas desarmonias serão evitadas.

O que faz com que esses momentos de discussão se prolonguem são os revides que se originam de nosso orgulho ao não querermos perder a razão. Revides esses que, na maioria das vezes, também são alimentados por desencarnados que se comprazem em semear a discórdia e a desavença em nossos lares.

José Carlos De Lucca nos conta um emocionante caso que ilustra o que cada um de nós é capaz de dar e de doar em favor daqueles a quem amamos:

> "Era um casamento pobre. Ela ficava à porta do casebre, pensando em seu marido. Quem passava se maravilhava com a beleza de seu cabelo negro e abundante, como os fios brilhantes que saíam da roca em que trabalhava. Ele ia todos os dias vender frutas na feira. Sentava-se à sombra de alguma árvore, sustentando entre os dentes o seu cachimbo vazio. O dinheiro não chegava para comprar um tiquinho de tabaco. Aproximava-se a data do aniversário de casamento e ela não

> parava de perguntar como poderia presentear seu marido, já que não possuía nenhum dinheiro. Então, uma ideia lhe veio à mente. Só de pensar nisso sentiu um calafrio, mas, ao se decidir, todo o seu corpo vibrou de contentamento. Iria vender os cabelos para comprar-lhe o tabaco. Já imaginava seu marido na praça, sentado diante das frutas que oferecia aos fregueses e dando largas baforadas no seu cachimbo. Os aromas de incenso e jasmim dariam ao dono da banca de frutas a solenidade e o prestígio de um verdadeiro comerciante. Obteve apenas algumas moedas por seus belos cabelos, mas escolheu cuidadosamente o mais fino tabaco. O perfume das folhas enrugadas compensava o sacrifício da perda de suas madeixas. À tarde, seu marido voltou para casa. Trazia nas mãos um pequeno pacote. Eram pentes, que acabara de comprar para sua mulher, ao vender seu velho cachimbo... Abraçados, riram até o amanhecer."[7]

O casal afetuoso sempre encontra maneiras de demonstrar seu amor. A verdade é que não necessitamos de muito dinheiro para presentear a quem amamos. A renomada escritora Virgínia Satir relata, em seu livro *Contatos com tato* (São Paulo: Editora Gente), o seguinte: "Acredito que o maior presente que alguém pode me dar é ver-me, ouvir-me, compreender-me, tocar-me. O maior presente que eu posso dar é ver, ouvir, entender e tocar o outro. Quando isso acontece, sinto que fizemos contato."

---

7. DE LUCCA, J. C. *Com os olhos do coração*. São Paulo: Petit Editora, 2005.

Entretanto, apesar de serem gestos aparentemente simples de serem realizados, temos ainda grande resistência em colocá-los em prática. Segundo pesquisas recentes, feitas por um semanário de Belo Horizonte, apenas 12% dos casais se dão as mãos após cinco anos de casados, a vida útil de casamentos na capital mineira é de apenas nove anos, e a causa maior da infidelidade feminina resulta da carência de afeto.

Esposas, maridos e filhos são flores raras oferecidas a nós pela Providência Divina. Todas essas flores são bênçãos que Deus nos deu, mas temos que aprender a regá-las, podá-las e dar-lhes atenção, pois, assim como as flores, os sentimentos também morrem por falta de cuidados.

A INCRÍVEL APARIÇÃO DE IVONE

"Existem mais coisas entre o céu e a terra do que possa imaginar nossa vã filosofia." Shakespeare

Por muitos anos, a Rádio Tupi, da cidade do Rio de Janeiro, apresentou, com grande audiência, o programa "Incrível, Fantástico, Extraordinário", comandado pelo famoso repórter Almirante, conhecido no meio jornalístico como "a maior patente do rádio brasileiro." O programa do Almirante era transmitido às sextas-feiras e expunha casos sobrenaturais e, aparentemente, sem explicação lógica.

Almirante era um grande repórter e, por isso, seu programa tinha grande credibilidade, pois, antes de levar o caso ao ar, procedia rigorosa pesquisa sobre a veracidade dos fatos relatados. Naquela época distante, não existia televisão, e o horário ganhava todos os índices de audiência, pela seriedade que o repórter sempre imprimia ao seu trabalho. Tanto é verdade que ficou famoso em todo o Brasil o caso do "Homem da Capa Preta", que assim foi relatado:

"Lauro Magalhães, jovem advogado residente na cidade de São Paulo, conhece em um baile uma encantadora moça de nome Ivone, que o cativa, logo à primeira vista, por sua beleza e educação. Dançam e se divertem toda a noite, a par constante.

Próximo das três da manhã, Lauro leva Ivone à sua casa, localizada no Bairro do Brás. Como caía pequena garoa, oferece sua elegante capa preta para cobrir o decote de sua encantadora parceira.

Cortam as ruas da capital paulista, felizes pelas alegrias da noite e pela perspectiva de continuarem o namoro, visto que houve, entre ambos, forte e irresistível atração.

Para o carro em frente à casa de Ivone e esta faz menção de lhe devolver a capa. Gentil, ela não aceita, pois ainda chovia e seria um bom motivo para que ele voltasse para buscá-la no dia seguinte. Sendo assim, combinaram de se encontrar no outro dia, às duas da tarde. Lauro se despede de Ivone com um beijo e volta feliz para sua casa. Alguma coisa lhe dizia, no íntimo, que tinha encontrado o grande amor de sua vida. Ivone era linda, meiga, carinhosa, possuindo tudo que havia sonhado encontrar em uma mulher. Por isso, Lauro tinha razões de sobra para se sentir feliz naquela noite.

No outro dia, quinze minutos antes da hora marcada, estava na casa de Ivone. Uma senhora vem atendê-lo, e ele, então, pergunta pela moça. Demonstrando ainda um semblante saudoso, a senhora diz que Ivone era sua filha, mas, infelizmente, morrera há dois anos, vitimada por um acidente de automóvel na Via Dutra. Lauro, espantado com o que ouvia, a custo não caiu desmaiado. Como podia ser aquilo? Tinha absoluta certeza de que a casa em que deixara Ivone, na noite anterior, era a mesma, pois lembrava perfeitamente das estátuas que adornavam o bonito portão da residência.

Diante do inusitado da situação, a senhora o convida a entrar, pensando ser tudo aquilo um grande equívoco. Lauro ainda insiste, descrevendo os traços de Ivone, que muito coincidiam com a figura da morta. A senhora, surpresa, leva Lauro até o quarto de sua filha e lhe mostra a bonita fotografia posta no toucador. Para o assombro dos dois, Lauro diz não ter dúvidas de que a moça da foto era a Ivone que tanto lhe havia encantado na véspera. Estupefato, continua não acreditando em tudo aquilo que ouvia.

A mãe de Ivone, então, lhe propõe uma visita ao cemitério da Consolação, onde estava o túmulo de sua filha, já que ali havia uma fotografia mais recente da garota. E assim o fizeram. Ao chegarem, o espanto foi maior: em cima da sepultura de Ivone, estava a capa preta de Lauro."

O programa do Almirante prosseguiu anos a fio, contando casos fantásticos dos que partiram e retornaram depois, atestando-nos a imortalidade da alma e provando que os que se foram não estão absolutamente ausentes.

Apesar de raros, esses fenômenos acontecem, pois sempre existirão médiuns que possibilitarão tais manifestações. Como destacamos, esses fatos não derrogam nenhuma lei natural; pelo contrário, vêm trazer luz, principalmente ao manancial de ensinamentos que nos deixaram os próprios espíritos, nas Obras Básicas de Allan Kardec.

Enquanto existirem médiuns apropriados, existirão manifestações espirituais. Os espíritos autorizados por Deus jamais deixarão de ajudar os incrédulos e dar aos crentes ideias mais justas do mundo espiritual que os aguarda. Os espíritos sempre virão, demonstrando que não morreram, nem estão ausentes, mas apenas partiram mais cedo e encontram-se em outro plano da existência.

O PODER DO AMOR

"Meus discípulos serão conhecidos
por muito se amarem." Jesus

No CD *Momento Espírita*, produzido pela Federação Espírita do Paraná,[8] encontramos belíssimos relatos com temática espírita. Um deles, "O verdadeiro amor", revela a emocionante história de uma médica colombiana. Ao aplicar um curativo na mão de um senhor, ela notou que o paciente tremia de ansiedade. Ao perguntar o porquê de tanta ansiedade, ele lhe contou que sua esposa estava em um asilo e ele queria, ainda naquela manhã, estar com ela durante o café matinal. Ela sofria de Alzheimer e há cerca de cinco anos não lhe reconhecia, pois a doença estava bastante avançada. A doutora lhe perguntou então o porquê da pressa, já que ela nem notaria sua presença. Ele, então, lhe disse, com o olhar enternecido,

8. Federação Espírita do Paraná (FEP) – Alameda Cabral, 300 – Curitiba (PR), CEP 80410-210 – Tel. (41) 3223-6174. *E-mail*: fep@feoarana.com.br. Site: www.feparana.com.br.

que ela realmente não sabia mais quem ele era, mas ele sabia perfeitamente quem ela era, e o quanto ela representava em sua vida.

O mal de Alzheimer é um distúrbio neurológico que destrói as células cerebrais e que acomete, normalmente, pessoas acima dos quarenta anos. O doente perde progressivamente a memória, não reconhece pessoas e coisas, não se lembra mais de fatos importantes. Os enfermos de Alzheimer passam a maior parte do tempo dormindo e perdem, aos poucos, a capacidade de caminhar, de sorrir e até mesmo de cuidar da própria higiene.

Mesmo sabendo disso, o marido sentia que sua presença, de alguma forma, trazia algum conforto espiritual à amada esposa. Tinha a intuição de que gestos de amor não se perdem jamais. Sabia que o verdadeiro amor não se reduz ao físico e, sendo assim, acreditava que seus gestos carinhosos seriam percebidos espiritualmente por ela. Queria estar ao seu lado, lhe fazer carinhos, conversar, sorrir, mesmo sabendo que possivelmente não seria entendido. Naquela situação, nada queria, nada pedia, nada esperava em troca. O amor era sua recompensa. Diante de tanta demonstração de afetividade, a médica lhe conta que uma paciente, esposa de um homem avesso a externar seus sentimentos, foi acometida de uma supuração de apêndice e, por isso, foi levada às pressas ao hospital. Operada em caráter de emergência, precisou receber várias transfusões de sangue, sem nenhum resultado satisfatório para o restabelecimento de sua saúde. A médica, preocupada com seu estado, lhe disse:

– Pensei que a senhora quisesse ficar curada o mais rápido possível para voltar para seu lar e para seu marido.

E ela respondeu, sem nenhum entusiasmo:

– O meu marido não precisa de mim. Aliás, ele não precisa de ninguém. Sempre diz isso.

Naquela noite, a médica falou com o esposo de sua paciente e lhe disse que, na verdade, ela não queria ficar curada. Sofria de profunda carência afetiva, o que comprometia a cura. A resposta do marido foi curta, mas precisa:

– Ela tem que ficar boa.

Finalmente, como último recurso para a obtenção do restabelecimento da paciente, a médica optou por realizar uma transfusão de sangue direta. O doador foi o próprio marido, que possuía o tipo de sangue adequado. Deitado ao lado da esposa, enquanto o sangue fluía, o marido, traduzindo na voz grande afeição, disse à esposa:

– Querida, vou fazer você ficar boa.

– Por quê? – perguntou ela, sem nem mesmo abrir os olhos.

– Porque você representa muito pra mim...

Houve uma pausa. O pulso dela bateu mais depressa. Seus olhos se abriram e ela virou lentamente a cabeça para o marido e lhe disse:

– Você nunca me disse isso.

– Estou dizendo agora.

Mais tarde, surpreso, o marido ouviu a opinião da médica sobre a causa principal da cura de sua esposa:

– Não foi a transfusão em si, mas o que acompanhou a doação do sangue que fez com que ela se restabelecesse. As palavras de carinho fizeram a diferença entre a vida e a morte.

O Espírito Emmanuel nos lembra que a vida é processo de crescimento da alma ao encontro da grandeza divina. Com o ato de fazer e dar alguma coisa, a alma se estende sempre mais além. O mundo é caminho vasto de evolução e aprimoramento, e transitam, ao seu lado, a ignorância e a fraqueza. O próximo é a nossa ponte de ligação com Deus. Se buscas o Pai, ajuda ao teu irmão, amparando-vos reciprocamente.[9] Diz a sabedoria popular que "os que amam vivem; os demais são mortos que caminham". Viver de amor: esta é a nossa grande predestinação. Quem já sentiu a transcendência do amor verdadeiro começou a viver. Deixou de ser morto, renasceu para a família, para o semelhante, para a pátria e para Deus.

9. XAVIER, F. C. *Fonte Viva*. Lição 71. Aproveita. Pelo Espírito Emmanuel. Rio de Janeiro: Federação Espírita Brasileira, 2007.

O sonho de Martin Luther King

> "Eu albergo o sonho de que um dia meus quatro filhos viverão em uma nação na qual não serão julgados pela cor de sua pele, mas pelo conteúdo de sua personalidade."
>
> Martin Luther king

A aldeia Nagô, de língua Yorubá, dormia, enquanto as primeiras cores do dia tingiam o horizonte. De repente, foram despertados por estampidos, gritos e tumultos provocados por terríveis caçadores de negros. Muitos, na reação, tombaram vítimas dos bacamartes assassinos. Para os cruéis invasores, o povo nagô não era formado por seres humanos. Presos, acorrentados, mãos atadas às costas, irmãos separados de irmãos, pais e mães separados dos filhos, foram embarcados em um navio negreiro para o Brasil. Recém chegados às grandes fazendas do interior, eram marcados a ferro e fogo. Alojados em barracões, com o chão forrado de capim seco, eram permanentemente vigiados pelos feitores. A comida servida em tachos era constituída de angu grosso, no qual boiavam alguns pedaços de mandioca. Muitas vezes, eram castigados com chicotadas nas costas, pois o escravo só podia comer e trabalhar. Durante muito tempo, os bravos jovens da extinta nação Nagô trabalhavam como escravos, longe da pátria, da família e de sua cultura. Começa aí uma das mais tristes páginas de nossa história. Uma verdadeira mancha que, até hoje, traz repercussões espirituais negativas para o nosso país. Em 13 de maio de 1888, por decreto da Princesa Isabel, os escravos foram definitivamente libertos. A estupidez e a cupidez finalmente vencidas pela lógica e pela razão. O que restou foram sequelas que perduram até os dias de hoje, e muitos continuaram achando que os negros não eram seres humanos como os brancos. E assim seguiu a violência dos opressores sobre os oprimidos. Mas, aos poucos, a segregação racial foi diminuindo nas terras de Santa Cruz. Graças a Deus, a miscigenação racial tornou-se cada vez maior entre nós e, com isso, devagar, superamos os resquícios do preconceito. Entretanto, apesar de alguns avanços, a segregação racial faz ainda muitas vítimas em todo o mundo.

Quem não se lembra da televisão mostrando o bárbaro espancamento de um negro por vários policiais brancos, na cidade norte-americana de Los Angeles, filmado por um popular que, revoltado, entregou o vídeo à polícia? Levados a julgamento, os policiais foram, simplesmente, absolvidos por um júri de homens brancos. A população negra, revoltada, e em represália, depredou lojas, incendiou carros, atacou a polícia e quase pôs fogo em toda a cidade de Los Angeles.

O negro americano reagiu de forma violenta, talvez ainda recordando seu passado humilhante, no qual tinha de assumir sua impotência como uma fatalidade e sua inferioridade como um destino. Talvez se lembrassem da lastimável Ku-Klux-Kan, constituída de homens brancos covardes e maus que, escondidos detrás de capuzes, caçavam e assassinavam negros como animais.

Em plena efervescência da crise segregacionista surge, então, um homem jovem, espiritualizado, pastor da Igreja Batista, que sonhava com uma América transformada em um oásis de justiça, igualdade e liberdade. Inspirado no Mahatma Ghandi, Martin Luther King (1929–1968) luta com todas as suas forças em prol do homem negro segregado, oprimido, acossado. Sua bandeira é a coragem e também o pacifismo, a não violência. É, entretanto, abatido em Memphis, no Tennessee, por uma bala assassina, com apenas trinta e nove anos de idade. Enquanto segue a luta dos negros americanos por seus direitos, prossegue, em vários pontos do planeta, a mesma luta libertária, tão própria de um mundo atrasado como o nosso. Na África, Nelson Mandela (1918), o grande líder da resistência negra, passa mais de 22 anos na prisão, lutando pelos mesmos direitos de seus irmãos americanos. No ano de 1994, é, por fim, eleito presidente da África do Sul, declarando, diante da urna eleitoral: "Jamais havia votado até agora. Esta é a primeira vez que o faço em minha vida. Agora, me sinto um ser humano de verdade."

Recentemente, no Brasil, embarcando para uma viagem aérea, uma mulher, de aproximadamente 50 anos, ao ocupar seu lugar na classe econômica, vê que o passageiro ao seu lado é um negro. Visivelmente perturbada, chama a comissária de bordo, dizendo-lhe ser um absurdo a terem colocado ao lado de um negro. Exigia uma mudança de assento. A comissária procura acalmá-la, afirmando que iria verificar a disponibilidade de outros lugares. Voltou, em seguida, confirmando que a classe econômica e a executiva estavam lotadas, contudo havia um lugar na primeira classe. Explicou que essa troca não era permitida, mas que, em vista as circunstâncias, o comandante considerou que seria inadmissível obrigar um passageiro a viajar ao lado de uma pessoa desagradável. Então, ante a surpresa da mulher branca, a comissária atenciosamente dirigiu-se ao senhor negro, convidando-o a ocupar a poltrona da primeira classe. Sua atitude foi aplaudida pelos passageiros.

Infelizmente, o preconceito existe também entre crianças e, muitas vezes, entre os próprios negros. No ano de 2010, em uma creche municipal em Salvador, a professora levou para a sala de aula bonecos com vários tons de pele e fotos de pessoas com características físicas diferentes. Uma das crianças era Brenda, com apenas três aninhos e meio, que, apontando a fotografia de uma menina negra, disse que esta era feia. A professora lhe perguntou por que ela era feia. A criança respondeu:

– Porque ela é igual a mim!

Na revista *Reformador* (Rio de Janeiro: Federação Espírita Brasileira), encontramos uma página interessante, intitulada "Balões Coloridos":

"Em uma quermesse, em uma pequena cidade da Amazônia, um senhor vendia balões de cores variadas. Bom vendedor, para chamar a atenção das crianças, deixou um balão vermelho se soltar e elevar-se no ar, depois um azul e um branco. Um indiozinho a tudo assistia fascinado e observou que o balão marrom, da cor da sua pele, não era solto. Foi ao vendedor e indagou:

– Se o senhor soltasse o marrom, ele subiria também?

O vendedor sorriu e, soltando o dito balão, respondeu:

– Igualzinho aos outros! O que faz os balões subirem é o que está dentro deles! A cor de cada um não faz a menor diferença!"

Somos todos iguais, somos "balões irmãos elevando-nos rumo ao Pai, nosso Criador." Quando Allan Kardec perguntou aos espíritos de ordem elevada se, perante Deus, todos os homens são iguais, a resposta foi:

– Sim, todos tendem para o mesmo fim, e Deus fez suas leis para todos. Dizeis frequentemente que "o sol nasce para todos" e anunciais, assim, uma verdade maior e mais geral do que pensais.

Pouco antes de seu assassinato em Washington, diante do Memorial Lincoln, perante mais de vinte e cinco mil pessoas, em meio a um silêncio impressionante, assim falou Martin Luther King, o apóstolo negro da paz:

"Ontem sonhei que chegará um dia em que esta nação se levantará e viverá de acordo com o verdadeiro significado do seu credo. Sustentamos que estas são verdades evidentes, que todos os homens foram criados iguais... Ontem sonhei que chegará um dia em que, nas rubras montanhas

da Geórgia, os filhos dos antigos escravos e os filhos dos antigos escravagistas se sentarão juntos, à mesa da Fraternidade. Eu albergo o sonho de que, um dia, inclusive o Estado de Mississipi, um Estado repleto de injustiça, inflamado pelo calor da opressão, se transformará em um oásis de liberdade e de justiça. Eu albergo o sonho de que um dia meus quatro filhos viverão em uma nação em que não serão julgados pela cor da sua pele, mas sim pelo conteúdo de sua personalidade. Quando deixarmos que a liberdade ressoe em cada povoado, em cada aldeia, em cada Estado e em cada cidade, poderemos acelerar a chegada do dia em que todos os filhos de Deus, brancos e negros, judeus e estrangeiros, protestantes e católicos, poderão estreitar as mãos e cantar:
– Livres afinal! Livres afinal! Grande Deus, todo poderoso, afinal somos livres!"[10]

10. MARTIN, L.K. *Caminos abiertos*. Madrid (España): Editorial Hernando. (Tradução livre do autor.)

O URSO CRISTÃO

"Assim como não podemos impor o nosso paladar ao estômago do nosso irmão, não podemos obrigá-lo a passar para uma religião que não lhe agrade."

Gosto de dizer, em minhas exposições espíritas, que religião é parcela de verdade, pois o que é realmente importante e verdadeiro é o amor. Nada é mais sublime, mais importante e mais transcendental do que o amor. Nossos amigos espirituais nos ensinam que avança quem aprende; mas quem ama, está na frente. Nasci em lar católico. Meu pai era um homem de fé e sempre que podia estava na igreja. Por muitos anos, pertenceu à Sociedade de São Vicente de Paulo, da qual eu também, quando rapaz, participava. Depois das missas dominicais, íamos às reuniões da Conferência Vicentina, da Paróquia de Nossa Senhora de Fátima, na cidade de Teófilo Otoni, em Minas Gerais. Durante a semana, visitávamos uma família necessitada, para levar o vale ofertado pela Conferência e que dava direito à compra de gêneros alimentícios. Eu apreciava bastante essa tarefa, mas os anos se passaram, tornei-me adulto, e, infelizmente, de uma hora para outra, me afastei tanto da Igreja como do nobre trabalho realizado pelos confrades vicentinos. O tempo passava e, na mesma medida, crescia dentro de mim uma grande inquietude espiritual. No vazio em que me encontrava, comecei a sofrer, e esse sentimento aumentou em mim o desejo de busca, de procura, de realização espiritual. Por fim, encontrei-me na Doutrina Espírita e relembro, sempre com emoção, da primeira vez que subi as escadas do abençoado Grupo Irmã Scheilla, em Belo Horizonte. Apesar de ter me tornado espírita, a afinidade religiosa com meu pai não terminou. Sempre que podíamos, conversávamos sobre espiritualidade. Ele demonstrava grande admiração pelo Espiritismo e sempre me incentivava nas minhas tarefas espirituais. Mas algo que não admitia era a reencarnação. Um dia, em tom de brincadeira, lhe propus: quem desencarnasse primeiro, tentaria voltar e trazer esclarecimentos sobre o assunto. Prontamente ele aceitou meu desafio: quem morresse primeiro viria, de uma maneira ou de outra, dar testemunho do combinado. Depois de muitos anos de seu desenlace, meu pai mandou, por intermédio do Grupo Espírita Albino Teixeira, de Belo Horizonte, uma linda e inesquecível mensagem. Veio cumprir nosso trato e testemunhar a veracidade da reencarnação como via de ascensão do espírito. Chamou nossa atenção para o fato de que acreditar ou não na reencarnação de pouco adiantava; o amor, sim, é o grande legado que levamos para o outro lado da vida. Não se referiu a religião ou religiosos, mas apenas à importância do amor. Em resumo, veio reforçar o que diz a Doutrina Espírita.

Allan Kardec nunca afirmou que o Espiritismo é a melhor religião. Dizia sempre que a melhor religião é aquela que maior número de homens de bem fizer. Não é bastante, pois, ao espírita, crer na reencarnação ou nas manifestações espirituais para assegurar seu destino na vida futura. Só o amor e o bem nos asseguram felicidade e ventura no outro lado da vida. E aprendemos que o bem é sempre o bem, independente de qual seja o caminho que a ele conduza. As religiões consistem apenas em um modo de ensinar ao homem como ele pode evoluir ou ir para o "Céu". Nada mais do que isso. É como se diversos filhos, que desejassem fazer uma longa viagem para visitar seu pai, se pusessem a discutir e a brigar sobre o melhor meio de chegar até ele. Uns desejariam ir de avião; outros de trem; outros por mar e outros, até mesmo, a pé. Não temos, portanto, o direito de criticar nosso irmão pelo meio de transporte escolhido por ele para chegar ao "Céu". Toda a animosidade entre os religiosos não passa de ciumeira de crianças.

A religião é como o alimento: cada pessoa ingere aquilo que lhe agrada, pois, do contrário, o estômago reclama. Assim como não podemos impor o nosso paladar ao estômago do nosso irmão, não podemos obrigá-lo a passar para outra religião. Isso acontecerá, se necessário, quando chegar a hora. Infelizmente, ainda nos deixamos levar pela velha tendência ao radicalismo e ao fanatismo religioso, dos quais nem mesmo os companheiros do Mestre estiveram livres de padecer. Em Marcos (9:38-40), encontramos João dizendo ao Senhor: "Mestre, vimos um que em teu nome expulsava demônios, o qual não nos segue; e nós lho proibimos, porque não nos segue." E Jesus, porém, lhe disse: "Não lho proibais; porque ninguém há que faça milagre em meu nome e possa falar mal de mim. Porque quem não é contra nós é por nós." João, ao proibir aquele que não participava do grupo de seguidores mais chegados a Jesus de expulsar em Seu nome os demônios, assumiu uma postura típica do segmentos religiosos que não sabiam, e que ainda não sabem, conviver com os que não comungam de sua ideias. A resposta de Jesus, contudo, desencorajou qualquer retaliação contra eles.

Um dos princípios fundamentais da moral espírita é a tolerância. O verdadeiro espírita não ataca, não critica e não menospreza as religiões. O que nos cabe é respeitar todas as formas de crença que nossos irmãos queiram adotar. O próprio Jesus nos ensinou que são muitos os caminhos que levam ao Pai. Sabemos que até mesmo os ateus, os materialistas convictos, estão em processo de evolução. Às vezes percebo que esses incrédulos não são tão fortes como aparentam. Muitas vezes são inseguros, pois lhes falta precisamente a base para defenderem suas convicções, pois para crer em Deus basta que se lance um olhar sobre as obras da Criação. O universo existe; logo, existe uma causa. Duvidar da existência de Deus é negar que todo efeito tem uma causa.

Para a maioria dos homens, pode-se dizer que a crença em Deus é inata. A comprovar essa afirmação está o fato dos homens primitivos de todas as latitudes acreditarem em um poder superior que imaginavam localizados no Sol, na Lua, no raio, no trovão, em um objeto ou em um animal. Outros chegam a Deus pelo raciocínio. O homem tem intuitivamente a convicção de que nem tudo se acaba com a morte. O nada lhe infunde horror. É em vão que se obstina contra a ideia da vida futura. Ao soar o momento supremo, poucos são os que não perguntem o que será deles, já que a ideia de deixar a vida para sempre oferece algo de comovente. Diante do exposto, é para nós muito difícil acreditar nas convicções materialistas. Preferimos supor que a ideia do nada que se abre diante deles é que provoca essa inquietude. Muitos têm se encontrado com Deus no momento final e supremo de suas existências. A página intitulada "O urso e o ateu", apesar de cômica, é uma lição de sabedoria:[11]

"Um ateu estava passeando em um bosque, admirando tudo o que aquele 'acidente da evolução' havia criado.

– Mas que árvores majestosas! Que poderosos rios! Que belos animais! – ia dizendo a si mesmo. Enquanto caminhava ao longo do rio, ouviu um ruído nos arbustos e virou-se, olhando para trás. Foi então que viu um corpulento urso pardo caminhando em sua direção. O homem disparou a correr o mais rápido que podia. Olhou por cima do ombro e reparou que o urso estava muito próximo dele. Aumentou ainda mais a velocidade. Seu medo era tão grande que lágrimas lhe vieram aos olhos. Olhou de novo por cima dos ombros e, desta vez, o urso estava mais perto ainda. O seu coração batia freneticamente. Tentou imprimir ainda mais velocidade a sua corrida, mas tropeçou e caiu desamparado. Rolou pelo chão rapidamente e tentou levantar-se, mas o urso já estava em cima dele, procurando pegá-lo com a sua forte pata esquerda

---

11. RANGEL, A. *As mais belas parábolas de todos os tempos*. O urso e o ateu. 4. ed. Belo Horizonte: Editora Leitura, 2002. v. 3, p. 186.

e, com a outra, tentava agredi-lo ferozmente. Nesse preciso momento, o ateu clamou:

– Meu Deus, me ajuda!

O tempo parou. O urso ficou sem reação, e o bosque mergulhou em total silêncio. Até o rio parou de correr. À medida que uma luz clara brilhava, uma voz vinda do céu dizia:

– Tu negaste a minha existência durante todos esses anos; ensinaste a outros que eu não existia e reduziste a criação a um acidente cósmico. Espera que eu te ajude a sair desse apuro? Devo esperar que tenhas fé em mim?

O ateu olhou diretamente para a luz e disse:

– Seria hipocrisia de minha parte pedir que, de repente, me passes a tratar como um cristão, mas, talvez, possas transformar um urso em cristão.

– Muito bem – disse a voz.

A luz foi embora, o rio voltou a correr, e os sons da floresta voltaram. Então, o urso recolheu as patas, fez uma pausa, abaixou a cabeça e disse:

– Senhor, agradeço-te profundamente por este alimento que me deste e que agora vou comer. Amém.

O urso, a pedido do ateu, foi transformado em um cristão, e o cristão sempre agradece o alimento que recebe.

O CÍRCULO DE FOGO

"É necessário que, ao orarmos, estejamos com o coração livre de qualquer mágoa ou rancor contra o nosso próximo e que nos coloquemos humildes e submissos perante Deus."

A prece é tão necessária à alma quanto o alimento ao corpo. Quem utiliza a prece constantemente fica mais calmo, mais seguro e menos sujeito às forças desequilibrantes negativas que agem sobre nós. O apóstolo Paulo nos incentivava a orar sem cessar, formando, assim, um clima propício à ação benéfica dos espíritos em nosso favor. As preces são atendidas por Deus por intermédio dos espíritos incumbidos da execução da Sua vontade. É uma invocação, mediante a qual o homem entra, por meio do pensamento, em comunicação com o ser a quem se dirige. Quanto mais vontade, fé e firmeza de pensamentos, maior será o alcance de nossas preces. A prece sincera nos liga aos espíritos superiores, que, sondando nossa vontade e boa intenção, vêm em nosso socorro. A prece atinge seu objetivo imediatamente, pois todos estamos mergulhados no fluido universal, de modo que todos, encarnados e desencarnados, nos comunicamos uns com os outros. Assim, a prece é transmitida a quem nos dirigimos por meio desse fluido, que efetua papel parecido com o de um telefone, que transmite a nossa voz de um a outro ponto qualquer. A energia da corrente tem a mesma proporção do pensamento e da vontade. É assim que os espíritos ouvem a prece que lhes é dirigida, qualquer que seja o lugar onde se encontrem. Os espíritos superiores, sondando nossa vontade e boa intenção, vêm em nosso socorro, dando-nos a força moral necessária para superar os problemas e nos ajudando, assim, a vencer nossas dificuldades.

Por meio da prece, nos prevenimos espiritualmente e evitamos enveredar pelo caminho do mal. A prece, desse modo, tem a função de nos propiciar forças para resistir ao mal. Entretanto, é necessário que entendamos que não são os bons espíritos que nos afastam de algum mal. Os benfeitores espirituais nos inspiram a evitar os maus pensamentos, os quais poderão nos causar danos. São mais bem-sucedidos se nos dispusermos, com firmeza, a lutar contra a imperfeição que ainda existe em nós. A ação desses espíritos não representa um obstáculo ao cumprimento das leis divinas. Eles nos auxiliam a refletir melhor, a discernir sobre a responsabilidade do livre-arbítrio, sobre a consequência de nossos pensamentos, palavras e ações. Nossos atos são, portanto, conduzidos por nossa vontade. Os bons espíritos nos inspiram a prática do bem, da fraternidade, mas a escolha é sempre nossa. Quer Deus que seja assim para que o homem – conduzido por sua vontade – entenda a responsabilidade dos seus atos e o mérito das escolhas acertadas.

É certo também que a eficácia da prece será maior para o homem de bem do que para o homem mau. É evidente que não poderá o homem egoísta e orgulhoso esperar da Providência Divina a mesma solicitude que esta dispensa àquele que cumpre seus deveres. Isso acontece porque a prece só tem eficácia quando parte de um coração puro, e o homem vicioso e mal tem a dominar-lhe o sentimento egoístico, não podendo, daí, partir uma oração com muito fervor e confiança. Do coração do egoísta, que apenas de lábios ora, unicamente saem palavras e nunca vontade firme na prática da caridade, que dá onipotência à prece. Entretanto, Deus, como Pai bom e amoroso, não ignora a prece de nenhum de seus filhos. Ele as acolhe indistintamente, pois, às vezes, o homem mau reza procurando obter forças para lutar contra o que nele há de ruim. Assim, se o fizer com fervor e humildade, certamente Deus o ouvirá e o ajudará. Acreditar que Deus ignore a prece sincera que um filho lhe faça, só porque ele se encontra transitoriamente desviado da trilha do bem, é o mesmo que negar os atributos da divindade. Toda prece será ouvida por nosso Pai Celestial, não importando a nossa condição. Não importa se ainda somos imperfeitos. Além disso, quando nos reconhecemos assim, demonstramos humildade, atitude sempre bem vista aos olhos de Deus. O Espírito André Luiz, conforme relata na obra *Nosso Lar* (Rio de Janeiro: Federação Espírita Brasileira), psicografada por Francisco Cândido Xavier, sofreu durante anos no umbral. Somente foi socorrido quando, humilde e arrependido, orou fervorosamente ao Pai Celestial, pedindo auxílio. Após a prece, veio em seu socorro o Ministro Clarêncio, da Colônia Espiritual Nosso Lar, que o amparou amorosamente, levando-o para aquela região.

Que possamos orar sempre, em toda a parte, a qualquer hora, a sós ou reunidos com outras pessoas. O importante é a fé, a vontade e o sentimento. A melhor maneira de orar é aquela que mais eleva nossa alma ao Criador, nos predispondo ao auxílio divino prestado por intermédio dos benfeitores espirituais. Não há fórmula nem rituais para fazê-las. Só um requisito é indispensável: que parta do coração.[12] Nosso querido amigo, Brício Coronel, falando sobre a importância e o poder da prece, nos contou essa interessante história sobre o "Escorpião Espírita":

> "Três escorpiões foram envolvidos por um círculo de fogo. O primeiro, muito materialista e desanimado, vendo que estava irremediavelmente cercado pelo fogo, preferiu suicidar-se, voltando seu ferrão contra si mesmo. O outro, muito agitado e afobado, tentou sair do círculo de fogo atabalhoadamente e morreu queimado. O outro era um escorpião espírita e, na hora do perigo, manteve a confiança. Lembrou-se das orientações espirituais recebidas em seu grupo de oração. Ajoelhou, buscou forças interiores por intermédio da prece e esperou. Ao acabar sua rogativa, notou que acabara também o álcool que alimentava o círculo de fogo. Saiu, então, são e salvo, agradecendo a Jesus pela benção conseguida."

---

12. Roteiros sistematizados para estudos em grupo do *Evangelho Segundo o Espiritismo*. 6. ed. Manaus: Publicações Fundação Allan Kardec, 1996.

É interessante, já que uma situação parecida com a relatada na historieta dos escorpiões aconteceu com as vítimas de um dos maiores incêndios ocorridos na cidade de São Paulo, no Edifício Joelma. Algumas pessoas se desesperaram e preferiram se suicidar, pulando no vácuo. Outras, apavoradas, perderam a noção da distância e tentaram pular de um edifício para o outro, caindo, assim, no vazio. No entanto, algumas poucas pessoas mantiveram-se em prece, rogando o auxílio do Alto e logo, emocionados, escutaram o barulho dos motores dos helicópteros que vieram lhes salvar. Lutaram até o fim, não se deixando derrotar em momento algum pelo pânico. Suas orações foram ouvidas e, por acréscimo da bondade do Pai, a aflição se transformou em dádiva divina.

Omissão

"Deus não castiga ninguém."

É muito comum ouvirmos as pessoas dizerem que sempre estão em paz, pois não fazem mal a ninguém e não prejudicam quem quer que seja. No entanto, o Espiritismo nos ensina que, para fazer o mal, basta desperdiçar a oportunidade de fazer o bem que estiver ao nosso alcance. Não é o bastante, pois, não fazer o mal; é necessário fazer o bem. Isso quer dizer que as consequências que decorrem da omissão, ao cruzarmos os braços quando poderíamos ajudar, constitui falta, e, assim, cometemos delito contra as Leis Divinas. É lógico, todavia, que essa responsabilidade está diretamente relacionada com o nosso grau de conhecimento. Pela ação ou pela omissão, podemos cometer delitos contra o nosso semelhante.

Quando fazemos o mal deliberadamente, estamos complicando a nossa situação, pois, por vontade própria, prejudicar a outrem, é manifestar a imperfeição da alma. Mas existe outra forma de imperfeição com a qual nem sempre nos preocupamos, pois, aparentemente, não se está fazendo mal algum. É o mal que surge pela consequência da omissão. Assim, se eu vir, na rua ou na calçada, cascas de banana ou cacos de vidro aí deixados por alguém descuidado e não puser esses detritos em um ponto no qual não ofereçam prejuízos a um distraído pedestre, caso alguém sofra ali um acidente, a Lei de Ação e Reação vai me cobrar por essa omissão.

Os espíritos superiores nos advertem que a escalada para o aperfeiçoamento deve ser objetiva e segura. Dizem que o bem e o mal são consequências do estágio evolutivo no qual nos encontramos. Não praticar o bem, quando temos condições, é sintoma de imperfeição da alma. Isso quer dizer que não basta ao homem não fazer o mal. É preciso fazer o bem sempre. Ensinam, também, os mentores espirituais, que não é suficiente que o homem se arrependa do mal que fez, embora seja o primeiro e importante passo; são necessárias a expiação – vivenciar provas dolorosas, resgates dos males cometidos no passado –, bem como a reparação dos erros cometidos.

Conta-se que Allan Kardec, quando reunia os textos para a elaboração de *O Livro dos Espíritos*, recolheu-se ao leito, impressionado com um sonho que tivera. Acalentava o grande reformador a convicção de que estivera no Paraíso, onde colhera informes sobre a felicidade celestial. Durante o repouso, comovido, vê-se fora do corpo físico, em desdobramento. É transportado por um enviado dos planos sublimes para uma região nevoenta, onde gemiam milhares de entidades em sofrimento estarrecedor. Soluços de aflição casavam-se a gritos de cólera; blasfêmias seguiam-se a gargalhadas de loucura. Diante de tanto sofrimento, Kardec, alma sensível, relembra aqueles que, de certa forma, fizeram mal à Humanidade. Questiona, então, ao guia espiritual que lhe assessorava nesta viagem, repetidamente, sobre quem seriam aqueles sofredores: "Tiranos da história? Imperadores romanos? Algozes dos cristãos nos séculos primitivos do Evangelho? Grandes conquistadores da Antiguidade, como Átila, Aníbal, Alarico, Gêngis Khan...?" No entanto, informou, solícito, o acompanhante:

– *Na realidade, estes sofredores citados desconheciam, na essência, o mal que praticavam; não tinham a mínima noção de espiritualidade. Todos, pelo amor eterno do Pai, foram amparados e receberam as bênçãos da reencarnação, entrando nas lides expiatórias, conforme os débitos contraídos.*

– Então, diz-me – rogou Kardec, emocionado – que sofredores são estes, cujos gemidos e imprecações me cortam a alma?

O orientador respondeu, imperturbável:

– *Temos, junto de nós, os que estavam no mundo plenamente educados quanto aos imperativos do Bem e da Verdade, e que fugiram deliberadamente da Verdade e do Bem, por omissão, especialmente os cristãos infiéis de todas as épocas, perfeitos conhecedores da lição e do exemplo do Cristo e que se entregaram ao mal por livre vontade... Para eles, um berço na Terra é sempre mais difícil...*

Conta-se que após essa visita é que Kardec formulou a questão 642, de O *Livro dos Espíritos*:

> "Basta não fazer o mal para ser agradável a Deus e assegurar um futuro melhor?" "– Não. É preciso fazer o bem no limite

de suas forças, porque cada um responderá por todo o mal que resulte do bem que não tiver feito."

Será que nós, que temos conhecimento dessa Doutrina esclarecedora, não estamos sendo omissos na prática do bem? Será que não podemos sempre fazer um pouco mais em prol de nossos semelhantes? Será que não estamos "em cima do muro", como diz o ditado popular? "Estar em cima do muro" é ter consciência de que podemos nos envolver mais e melhor nas tarefas espirituais e não o fazemos por comodismo, esperando que outros o façam por nós. Que entendamos que essa posição não é nunca a posição do bom cristão.

Infelizmente, o desconhecimento da Justiça Divina tem levado líderes religiosos a considerar omisso até mesmo Deus. Assim aconteceu com um pronunciamento um tanto equivocado do Papa Bento 16, que, ao visitar o tragicamente famoso Campo de Concentração de Auschwitz, na Alemanha, exclamou, entre outras coisas, o seguinte: "Onde estava Deus naqueles dias? Por que não se manifestou? Como pode admitir esse triunfo do mal?" Esse tipo de declaração não foi feita somente pela maior autoridade católica, mas também pelo teólogo protestante Erwin Lutzer, ao indagar, estarrecido, quando de uma visita ao mesmo campo de extermínio: "Como Deus pode permitir tanta crueldade? Onde estava a Igreja do Cristo quando seis milhões de judeus foram mortos por ordem de Hitler?" O holocausto, aos olhos do Espiritismo, jamais poderia ser visto nem como castigo divino, nem como resultado da omissão ou ausência de Deus em nós. Parodiando Cairbar Schutel (1868–1838), o "Apóstolo de Matão", podemos dizer que Deus é muito grande para ficar de chinelos na mão, a nos dar chineladas por causa de nossos erros. Deus é nosso Pai de bondade e sabedoria e não castiga ninguém. Nós é que somos responsáveis pelas guerras e por todas as barbaridades delas decorrentes. Somos os responsáveis por nossos atos. Temos o livre arbítrio de fazermos o bem ou o mal e somos responsáveis por todos os resultados de nossas boas ou más ações. Colheremos sempre o fruto de nossas ações. A semeadura é livre, mas a colheita é sempre obrigatória. Nosso Pai criou leis sábias e imutáveis, e, quando infringimos essas leis, somos vítimas de sofrimentos, pelo uso inadequado do nosso livre arbítrio e não pela vontade de Deus.

ORGULHO E OBSESSÃO

"Tudo o que o homem semear, isto também colherá." Apóstolo Paulo

No capítulo 20º, no item 228 de *O Livro dos Médiuns*, encontramos: "Todas as imperfeições morais são outras portas abertas ao acesso dos maus espíritos. O que, porém, eles exploram com mais habilidade é o orgulho, porque é o sentimento que a criatura menos confessa a si mesma."

Demonstramos um orgulho sutil ao achar que não seremos obsediados porque estamos no trabalho do bem e do amor. A lógica espírita nos ensina exatamente o oposto. Aqueles que se empenham no mal – no mundo material e espiritual –, também se organizam, com a intenção de influenciar os outros e arrebanhar seguidores, e temos que ser muito vigilantes, pois nossos inimigos desencarnados estão à espreita para nos atacar em nossos pontos vulneráveis. Quanto mais envolvidos no bem e nas coisas de Jesus, maior deverá ser nossa vigilância. Somos como antenas com função transmissora e também receptora, portanto, captamos e emitimos o que implica a dizer que sempre existirá, no processo de comunicação mental, uma vontade apelo e uma vontade aceitação, que se alterna na medida dos interesses que promovem esse intercâmbio mental. À medida que emitimos um pensamento, imediatamente sintonizamos com outro pensamento, que, na mesma frequência que o nosso, reflete sentimentos e impressões. Se temos um pensamento de amor, sintonizamos com o amor; se nosso pensamento é de caráter leviano, sintonizamos com a leviandade.

Sabemos que as ondas de rádio estão no ar e invadem a nossa casa; à medida que giramos o dial, sintonizamos com a estação que desejamos ouvir. De forma semelhante, nós abrimos nossa casa mental e permitimos, inconscientemente, por sintonia, afinidade, que outros pensamentos se misturem aos nossos, à nossa psicosfera íntima. Todos os processos obsessivos nascem de pequenas sugestões que recebemos, atraídas por nossas imperfeições morais. Nós é que estabelecemos a sintonia, ao cristalizarmos em nosso íntimo mágoas e vícios morais. Ensina-nos Kardec que "o homem, não raramente, é obsessor de si mesmo". Muitos perguntam: Por que Deus permite que tal fato aconteça? Já que estamos teoricamente em uma posição de desvantagem frente ao inimigo invisível. Temos que convir que a pergunta não é por que Deus permite isso ou aquilo, mas, sim, por que permitimos que os espíritos nos influenciem.

Infelizmente, os párias do Além – espíritos ainda detidos na prática do mal –, estão interessados em dificultar a propagação da mensagem libertadora de Jesus. Sentem, na sua ignorância, felicidade em afastar alguém do caminho do bem, principalmente alguém identificado com o Evangelho. Se baixarmos a guarda, os processos obsessivos irão se alastrar progressivamente em nossa mente muitas vezes, sem que percebamos. Quantas pessoas admiráveis se afastaram das casas de oração pela falta de vigilância? Como é doloroso ver irmãos – verdadeiros exemplos de comportamento e de fé – deixando-se levar por sugestões infelizes. Famílias são destruídas de um momento para o outro; homens que tinham o respeito e a consideração de seus familiares tornam-se joguetes nas mãos de espíritos infelizes, perdendo, assim, a estima e a consideração de todos.

A vigilância é algo muito importante na vida de todas as pessoas comprometidas com a propagação do Evangelho. Quantas pessoas notáveis conhecemos que se deixaram levar por verdadeiras ciladas dos inimigos do bem? Tentações são muito comuns na fase evolutiva que vivemos neste planeta de provas e expiações. Nosso querido Chico Xavier, quando foi questionado sobre a tentação, disse, de maneira bem humorada: "Nós corremos dela, loucos para que ela nos agarre". Espíritos superiores enumeram alguns sinais de alarme, as chamadas pequenas portas abertas de nosso dia a dia, que podem nos levar a processos obsessivos. São eles:

- ☞ As decepções prolongadas que se transformam em mágoas;
- ☞ O rancor que guardamos por alguém;
- ☞ As tendências negativas que não lutamos para superar;
- ☞ As intenções desonestas e ocultas;

- ☞ O interesse pessoal à custa do prejuízo de alguém;
- ☞ Os gestos menos felizes;
- ☞ O excesso de velocidade no trânsito;
- ☞ A intransigência em não aceitar as falhas alheias;
- ☞ A presunção de supor-se o melhor em tudo;
- ☞ A irredutibilidade nas opiniões pessoais;
- ☞ A fofoca;
- ☞ O costume de enxergar os pontos negativos na tarefa do próximo;
- ☞ A indisposição para o perdão;
- ☞ O vício do prestígio;
- ☞ Os sonhos da vida fácil na abundância dos bens materiais;
- ☞ A preguiça e a ociosidade;
- ☞ O atraso nos compromissos;
- ☞ A indiferença com a diferença do outro;
- ☞ O excesso de alimentação;
- ☞ O imediatismo para alcançar metas;
- ☞ O apego excessivo à televisão;
- ☞ O relaxamento através do álcool;
- ☞ O excesso de trabalho.

Nosso destino é sempre o resultado das próprias decisões assumidas no comando de nossas vidas. A recomendação do Cristo é muito clara: "vigiai e orai", e significa dizer que, se não conduzirmos nossa existência de forma reta, estaremos convidando elementos externos a amplificar as nossas dificuldades morais. Temos, primeiro, que vigiar o nosso comportamento, as nossas atitudes e os nossos pensamentos. Sabemos que a vigilância íntima exige forte disciplina moral unida a muitas preces. Qualquer um de nós que esteja disposto a agir, trabalhando com vontade para o seu bem e o bem dos outros, será sempre amparado por bons espíritos, que se preocupam com o destino da humanidade. Sobre a nossa vontade é que reside o livre arbítrio. Na epístola de Paulo aos Gálatas (2:24), está escrito:

> "Tudo que o homem semear, isto também colherá." A semeadura é livre, mas a colheita é obrigatória.

Os dois lobos

> "O reino dos Céus está dentro de cada um de vós." Lucas, 17:21

Conta-se que um professor começou sua aula estendendo um grande lençol branco em uma das paredes da sala. À medida que os alunos iam entrando, tinham sua curiosidade despertada por aquele tecido, dependurado, bem à sua frente.

O professor iniciou sua aula perguntando aos alunos o que eles viam. O primeiro a se manifestar disse que via um pontinho negro, no que foi seguido pelos demais. Todos conseguiam ver o pontinho negro que fora ali colocado, de propósito, no centro do lençol branco. Depois de perguntar a todos se o ponto negro era a única coisa que viam e de ouvir a resposta afirmativa, o professor lançou outra questão:

– Vocês não estão vendo todo o resto do lençol? Vocês conseguem ver somente o pequeno ponto preto e não percebem a parte branca, que é muito mais extensa?

Naquele momento, os alunos entenderam o propósito da aula: ensinar a ampliar e a educar a visão para perceber melhor o conjunto e não atentar-se somente a pormenores.[13]

Sendo assim, temos que nos educar para ver o todo, ampliar a nossa visão e não ver somente as coisas negativas e ruins de nosso semelhante. Tendemos a ser muito severos com os erros alheios e bastante condescendentes com os nossos. Muitas vezes, julgamos descuidadamente nossos semelhantes, que, por algum motivo e em determinado momento, nos destratam ou agem de maneira menos delicada e não nos damos conta de que, talvez, nosso irmão, naquele momento, esteja passando por problemas maiores do que os nossos. Por outro lado, se somos nós quem passamos por problemas, exigimos que o outro nos entenda e nos aceite. Se estamos indispostos, os outros devem compreender nossa indisposição e relevar nosso mau humor. É importante educar nossa visão para não apenas ver as coisas ruins, mas também as coisas boas de nosso semelhante. Todos temos defeitos e virtudes. Entretanto, o peso que atribuímos às coisas ruins acaba sendo desproporcional e exageradamente maior nos outros.

Certa vez, li uma história que contava que um casal de idosos completava sessenta anos de casados. Uma das netas perguntou à avó como ela conseguira conviver tantos anos com seu avô, que era uma pessoa ranzinza e de temperamento difícil. A avó lhe disse que sempre lançava mão de uma balança imaginária e colocava em um dos pratos as coisas boas

13. RANGEL, A. *As mais belas parábolas de todos os tempos*. O ponto negro. Belo Horizonte: Editora Leitura, 2004. v.2.

de seu relacionamento com o marido, e, no outro, as coisas ruins. Durante todos esses anos, ela percebeu que o peso das coisas boas era muito superior ao peso das coisas ruins, e aí estava o segredo do relacionamento de tantos anos.

Nossos benfeitores espirituais nos recomendam que sempre sejamos severos conosco e mais indulgentes com nosso próximo. Eduquemos, pois, nossa visão do conjunto, para não atribuirmos tanto peso e tanto valor às coisas ruins e desagradáveis. Sabemos que, na fase evolutiva na qual nos encontramos, coisas boas e ruins ainda coexistem lado a lado. Todos nós ainda possuímos a nossa parte sombria, o nosso joio misturado ao trigo.

Conta-se que, certo dia, um neto aproxima-se do avô com o coração cheio de ódio, porque seu melhor amigo havia cometido uma tremenda injustiça. O avô diz:

> – Deixe que te conte uma história. Muitas vezes senti muito ódio daqueles que "aprontaram" comigo, especialmente quando percebia a maldade em seus atos. Todavia, com o tempo, aprendi que o ódio nos corrói interiormente, mas não fere o nosso inimigo. Quando odiamos, é como se tomássemos veneno desejando que o outro morra. Passei, então, a lutar contra esses sentimentos. Refleti bastante e hoje tenho a sensação de que existem dois lobos dentro de mim. Um dos lobos é bom, só quer o bem e não magoa ninguém. Esse lobo vive em harmonia com o universo ao seu redor e não se ofende, não vê agressões no que não entende e compreende. Esse lobo só luta quando é certo lutar e, quando o faz, age de maneira correta. Mas, ah!, o outro lobo é cheio de raiva.

Mesmo pequenas coisas provocam sua ira. Ele briga com todos, todo o tempo, sem motivo algum. Não consegue nem pensar, pois sua raiva e seu ódio são tão grandes que gastam e esgotam toda a sua energia mental. A raiva sentida por ele é inútil, pois não mudará o mundo. Às vezes, é difícil conviver com esses dois lobos dentro de mim, porque ambos tentam dominar o meu espírito.

O rapaz, atento, olhou intensamente nos olhos do avô e, carinhosamente, lhe perguntou:

– Qual deles vence, vovô?

O avô, sorrindo, lhe respondeu baixinho:

– Aquele que eu alimente mais frequentemente.

Somos os comandantes de nossas vidas e cabe somente a nós o cuidado de alimentarmos sempre a bondade, o amor e a indulgência em nossos corações. Não posso ser feliz guardando ódio e mágoas. Há um ditado que diz que: "quando a mágoa entra pela porta da frente do coração, a felicidade sai pela porta do fundo." Quando temos um ressentimento ou estamos magoados, quase sempre pensamos em vingança. O ódio, o rancor e a cólera brotam instintivamente no campo emocional, e a tendência usual é a do revide. No entanto, quando revidamos, emitimos ondas vibratórias negativas na direção de quem nos provocou e esquecemos que essas ondas maléficas nos prejudicam em primeiro lugar. A atitude correta que todo cristão deve assumir é a do perdão, contrário a vingança.

Dizer, de coração, "eu te perdoo", é certamente medida nobre e profilática, pois que seremos nós os primeiros a receber as bênçãos do perdão. Não nos esqueçamos de que o perdão é sempre melhor para quem perdoa e, esquecendo as ofensas, estaremos alimentando melhor o lobo bom que vive em nós e seremos, certamente, muito mais felizes.

Quando a liberdade é negada, o amor bate em retirada

"Curiosamente, quanto mais prendemos,
mais perdemos a pessoa amada."

O Espírito André Luiz, em sua obra, nos traz importantes considerações a respeito dos casamentos: "Na fase evolutiva do planeta, existem, na esfera carnal, raríssimas uniões de almas irmãs ou afins, e esmagadora porcentagem de ligações de resgate. O maior número de casais humanos é constituído de verdadeiros forçados, sob algemas."[14] Diante de tal quadro, é necessário que o cônjuge procure compreender e respeitar seu par e que cada um procure se conhecer mais intimamente. Possuímos o grave defeito de querer mudar o outro, esquecendo-nos que também temos ainda muitos defeitos e dificuldades. Além disso, somos bastante pródigos

14. XAVIER, F. C. *Nosso Lar*. Pelo espírito de André Luiz. 18. ed. Rio de Janeiro: Federação Espírita Brasileira.

em julgar e culpar o cônjuge por problemas ocorridos no lar. Se algo de errado acontece em nossa relação, o culpado é sempre o outro. Às vezes, chegamos a dizer: "Se não fosse você, eu seria melhor. Você é a causa dos meus sofrimentos, por sua culpa estou passando por tantas aflições!" Assim, assumimos sempre o cômodo lugar de vítimas.

É necessário que tenhamos o entendimento de que não podemos mudar ninguém. Nem Jesus, o mais evoluído espírito que já viveu na Terra, conseguiu tal proeza. Judas, que foi um dos doze escolhidos por Jesus e desfrutou, encarnado, dos seus ensinos, mesmo assim, traiu o Mestre e cometeu o mais grave de todos os equívocos, o suicídio. Ninguém poderia agir por Judas, ele era o único a direcionar sua vida para o bem.

Desse modo, a minha felicidade ou infelicidade depende apenas de mim, dos meus atos. Na condição de cristão, devo colaborar com a felicidade do próximo. Mudá-lo, jamais. A felicidade é sentimento íntimo. É conquista obtida pela natureza de nossas ações. Os projetos de reforma que fazemos para o outro seriam mais eficazes se aplicados a nós mesmos. Reforma, somente a nossa, pois, na verdade, somos comandantes, unicamente, de nossa existência.

De fato, somos diferentes uns dos outros, somos seres únicos. Essa diversidade de gostos e temperamentos exige de nós aceitação, compreensão e tolerância. Muitos casais chegam ao divórcio ou à separação por estarem despreparados para se aceitar mutuamente. Queremos, em última análise, que nosso consorte pense, sinta e aja como nós, ou melhor, que seja uma imagem de como somos e agimos. Entretanto, o amor verdadeiro nada exige do ser amado, nada quer em troca. Amar é a própria recompensa. Os cônjuges devem aceitar com naturalidade a diversidade de gostos e temperamentos, muito comum nos casais, deixando a arrogância de lado, para se colocar na condição de aprendizes uns dos outros.

Outro fator a ser considerado é o sentimento de posse, muito comum na maioria dos casais. A convivência sadia entre os cônjuges requer um amor sem correntes. É importante que o casal se sinta pleno e seguro para que cada um possa ter os próprios amigos, a própria religião, os próprios gostos e opiniões. A liberdade é o oxigênio do amor. É necessário acreditar que casamento não significa prisão. Quase sempre, quando a liberdade é negada, o amor bate em retirada. Sendo assim, quanto mais prendemos, mais perdemos a pessoa amada, e quanto mais livre ela estiver, mais próxima estará de nosso convívio e de nosso coração. Não façamos, pois, do amor, um grilhão. O amor não combina com cadeias, correntes, algemas... Não é um pássaro que possa viver feliz preso em uma gaiola... Qual de nós, se fosse pássaro, gostaria de ter suas asas cortadas? A liberdade é fundamental na relação a dois. A vida em comum exige fidelidade, atenção e respeito.

O notável Gibran Kalil Gibran, assim aconselha os casais:

> "Cantai e dançai juntos, e sede alegres, mas deixai que cada um de vós esteja sozinho. Amai-vos um ao outro, mas não façais do amor um grilhão: que haja antes um mar ondulante entre as praias de vossas almas. Enchei a taça um do

outro, mas não vos aconchegueis em demasia, pois as colunas do templo erguem-se separadamente e o carvalho e o cipreste não crescem à sombra um do outro."[15]

Diz uma velha lenda dos índios Sioux que, uma vez, Touro Bravo, o mais valente e honrado de todos os jovens guerreiros, e Nuvem Azul, a filha do cacique e uma das mais belas mulheres da tribo, chegaram de mãos dadas na tenda do velho feiticeiro e disseram:

– Nós nos amamos e vamos nos casar. E nos amamos tanto que queremos um feitiço, um conselho ou um talismã... qualquer coisa que nos garanta que poderemos ficar sempre juntos, que nos assegure que estaremos um ao lado do outro até encontrarmos a morte. Há algo que o senhor ou nós possamos fazer?

E o velho, emocionado ao vê-los tão jovens, tão apaixonados e tão ansiosos por uma palavra, lhes disse:

– Há uma coisa que pode ser feita, mas é uma tarefa muito difícil e sacrificante. Você, Nuvem Azul, deve escalar o monte ao norte desta aldeia, e apenas com uma rede e suas mãos, deve caçar o falcão mais vigoroso do monte e trazê-lo aqui com vida, até o terceiro dia depois da lua cheia. E você, Touro Bravo, deverá escalar a montanha do trono. Lá em cima, encontrará a mais brava de todas as águias, e somente com as suas mãos e uma rede deve apanhá-la e trazê-la viva para mim.

---

15. KALIL, Gibran. *O Profeta*. Rio de Janeiro: Editora Mansour Challita, 1981. p. 13.

Os jovens se abraçaram com ternura e logo partiram para cumprir a missão recomendada. No dia estabelecido, na frente da tenda do feiticeiro, os dois apaixonados esperavam, cada um com a ave dentro do seu saco. O velho pediu, então, que, com cuidado, eles as tirassem dos sacos, e, assim, surgiram dois formosos exemplares das espécies pedidas.

– E agora, o que faremos? – perguntou o jovem. – Vamos matá-las e bebermos a honra do seu sangue? Ou as cozinharemos e logo comeremos o valor da sua carne?"

– Não – disse o feiticeiro.

– Apanhem as aves e amarrem-nas entre si com essas fitas de couro e, quando estiverem bem amarradas, soltem-nas, para que possam voar livres.

O guerreiro e a jovem fizeram o que lhes foi ordenado e soltaram os pássaros. A águia e o falcão tentavam voar, mas conseguiram apenas saltar pelo terreno. Minutos depois, irritadas pela incapacidade do voo, as aves começaram a se arremessar uma contra a outra, bicando-se até se machucarem.

Então, o velho feiticeiro disse:

– Jamais se esqueçam do que estão vendo! Este é o meu conselho. Vocês são como a águia e o falcão: se estiverem amarrados um ao outro, ainda que por amor, não só viverão arrastando-se, como também, cedo ou tarde, começarão a se machucar. Se quiserem que o amor entre vocês perdure, voem juntos, mas jamais amarrados um ao outro.[16]

---

16. RANGEL, A. As *mais belas parábolas de todos os tempos*. Vida amarrada. Belo Horizonte: Editora Leitura. v. 2.

RELAÇÃO COMPLEXA

"O amor tem muitos modelos".

Algumas crendices e boatos podem ter, às vezes, efeitos devastadores, sendo classificados por alguns estudiosos das Ciências Sociais como "o efeito borboleta".

Tal efeito ocorre quando, supostamente, uma borboleta bate as asas em Tóquio e provoca uma tempestade em Nova Iorque, ou, em outra versão, uma borboleta bate as asas na Tailândia e sua suave vibração vai crescendo aos poucos no ar, e um furacão arrasa a Flórida. Tal teoria é um bom pretexto para explicar como se propagam determinados boatos e fatos distorcidos que provocam consequências espantosas e se alastram como se fosse um rastro de pólvora. Penso que é o que acontece com o falatório depreciativo sobre as sogras. O anedotário sobre elas é grande e injusto, pois são conhecidas e muitos propagadas frases e expressões que colocam as sogras como verdadeiras megeras. E a verdade é que a grande maioria não é assim. Particularmente, me lembro da minha como alguém que sempre me tratou com muita consideração e amizade. Sempre a considerei uma parente maravilhosa, a quem muito estimava. Creio que, por isso, e por observar ocorrências injustas, nunca concordei com frases e expressões anedóticas depreciativas sobre essas queridas parentas.

Por que essas mulheres carregam tais estigmas? Elas, na verdade, são mães de nossos cônjuges e as avós de nossos filhos. São pessoas queridas e pelas quais deveríamos ter muita estima e consideração. Por que elas são tão criticadas? Por que são consideradas pelo povo como destruidoras de namoros, noivados e casamentos? Por que o anedotário popular é tão cruel com elas? Infelizmente, esse preconceito de que a sogra não é alguém confiável origina-se do egoísmo de algumas mães, que pensam que seus filhos são sempre melhores do que os filhos dos outros, esquecidas de que os outros também podem ser bons ou até melhores do que os seus. É até natural que gostem mais dos seus, mas isso não pode diminuir o valor dos filhos dos outros. O orgulho e o egoísmo são monstros que fazem com que muitas mães achem que seus filhos "mereciam coisa melhor". A meu ver, esse é o verdadeiro motivo que determina tanta antipatia entre um cônjuge e a sogra.

Relacionamentos traumáticos são muito comuns entre sogras, noras e genros e, infelizmente, deixam marcas para o resto da vida. Por ser considerada uma relação complexa e conflituosa, as sogras devem, de todas as maneiras, evitar comentários indevidos sobre noras ou genros. Nada é mais doloroso do que a interferência na vida do casal. Faltam muito com a caridade os sogros e sogras que assim agem. É uma interferência maléfica que prejudica a vida do casal. Se pensarmos bem, qual direito habilita os pais a dizerem que uma pessoa é boa ou não para conviver com o seu filho ou filha, os quais, na maioria das vezes, tem modos diferentes de pensar e agir? Os pais não podem esquecer de que sua casa deverá ser também a dos filhos, mas a casa dos filhos não pode ser considerada dos pais, já que eles se casaram com outra pessoa e têm o direito de conduzir seu lar como melhor lhe parecer.

Entretanto, é bom não nos esquecermos de que são comuns os casos de noras que têm um relacionamento melhor com a sogra do que com a própria mãe e de muitas mães que se relacionam melhor com suas noras do que com os próprios filhos. O mais importante nesse relacionamento é o entendimento de que, com respeito mútuo, sogros, sogras, genros e noras poderão conviver harmoniosamente, amando-se como parentes bem próximos que são. A história da chinesinha Suin Tui é muito elucidativa a respeito dessa complexa relação:

> "Suin Tui era uma jovem chinesinha recém-casada que amava muito seu marido. Após o casamento, foi viver na companhia de sua sogra, que a perseguia e a tratava muito mal, sempre procurando se interpor na relação do casal. Os serviços mais difíceis da casa, como cuidar dos porcos, rachar lenha, cozinhar e passar, eram sempre reservados para Suin Tui, que a cada dia sofria mais com a implicância de sua sogra. Com o passar dos meses, as coisas foram piorando, a ponto de sua vida se tornar insuportável. Segundo as tradições

antigas da China, a nora tem que estar sempre a serviço da sogra e obedecer-lhe em tudo. Amando seu marido e cansada de ser maltratada, resolveu dar cabo da sogra. Procurou um conhecido herborista que sabia manejar bem as infusões feitas à base de plantas e lhe propôs um plano macabro. Queria que ele fizesse uma porção venenosa para matar a sogra lentamente, em doses homeopáticas, pois não suportava mais tanta humilhação e perseguição. Feito o veneno, o herborista disse a Suin Tui que este deveria ser administrado diariamente, sempre misturado a um chá, ao cair da tarde. Entretanto, era necessário que a chinesinha procurasse tratar sua sogra cada vez melhor, a fim de evitar suspeitas.

– Deverás ter muito cuidado e tratá-la sempre com muita amizade. Não discutas e ajude-a a resolver os seus problemas – aconselhou o homem.

E assim foi feito. Suin Tui começou a mudar seu comportamento em relação à sogra, dando-lhe mais atenção, trazendo-lhe flores do campo, oferecendo-lhe deliciosos quitutes caseiros, e, desse modo, foi progressivamente, conquistando sua simpatia. Obedecia a sogra em tudo e tratava-a como se fosse a sua mãe. Passados seis meses, toda a família estava mudada. Suin Tui controlava bem o seu temperamento e quase nunca se aborrecia. As atitudes da sogra também mudaram e ambas passaram a tratar-se como mãe e filha. O relacionamento entre ambas foi melhorando, até que um dia, a sogra, deitando-a em seu colo, pediu-lhe perdão por não tê-la compreendido há mais tempo. Alisando seus cabelos, confessou-lhe que a amava muito, apesar das antipatias iniciais. Ela era exatamente a nora que havia sonhado para ser a esposa de seu filho. Com a confissão sincera da sogra, Suin Tui percebeu que também a estava amando. Correu ao herborista e lhe pediu um antídoto contra o veneno que estava administrando à sogra.

– Mestre, por favor, ajude-me a evitar que o veneno venha a matar a minha sogra. É que ela transformou-se em uma mulher agradável e gosto dela como se fosse minha mãe.

Este, então, lhe pediu o frasco de veneno e colocou toda a poção em um copo e bebeu de uma só vez. Ante o espanto da chinesinha, ele lhe disse que havia colocado no frasco apenas água, pois, profundo conhecedor da alma humana, tinha certeza de que Suin Tui, ao tratar bem a sua sogra, seria também retribuída. A fez perceber que a sogra não havia mudado; quem havia mudado era ela. O veneno estava nas suas atitudes, mas foi sendo substituído pelo amor e o carinho que oferecia."

Na China, há um provérbio que diz: "A pessoa que ama os outros também será amada." E os árabes têm sua versão: "O nosso inimigo não é aquele que nos odeia, mas aquele que nós odiamos." As pessoas que mais nos aborrecem hoje poderão ser aquelas que mais nos darão alegrias no futuro. Temos, pois, que ser mais pacientes, ouvi-las, cativá-las. Plantemos sementes sem esperar resultados imediatos e saibamos colher com paciência. Esse é o único investimento que jamais se perde.

Quanta verdade encontramos na história da chinesinha, que nos demonstra que, ao desarmarmos nossos espíritos, ficamos mais receptivos à compreensão e ao amor. O amor tem muitos paradigmas, e ele pode, certamente, surgir na convivência, desde que estejamos motivados a lutar por ele. Cabe a nós, darmos o exemplo de que esse estigma de sogra resulta de nosso orgulho e egoísmo. Que estejamos, pois, preparados para derrubar toda e qualquer barreira imposta pela ideia errônea de que apenas nossas mães e nossos filhos são bons.

Sejamos como o sândalo

"A lei do amor nos impõe o dever de não só perdoar, mas, acima de tudo, auxiliar nossos inimigos. Retribuir o mal com o bem nos traz saúde, paz e felicidade."

Acabara de abordar o tema "A importância do perdão", no Grupo Espírita de Fraternidade Albino Teixeira, em Belo Horizonte, quando uma senhora me procurou para desabafar suas mágoas. Contou-me uma triste história sobre a morte de seu filho único, de apenas vinte e três anos. Disse que, durante o noivado de seu garoto, as famílias resolveram oferecer um churrasco com o intuito de festejar a união e também com a intenção de se conhecerem melhor. Entretanto, durante a festa, a noiva pegou um espeto e brutalmente matou o noivo diante de todos. Em vista do que eu havia acabado de expor na reunião espírita, a mãe, ainda traumatizada e sofrida, me perguntou:

– Eu posso perdoar uma criatura como essa? O senhor me desculpe, mas não tenho condições de perdoar essa mulher, nunca! Enquanto viver, vou odiá-la com todas as forças do meu coração. Ela me tirou o que eu tinha de mais precioso na vida: meu filho querido!

Naquele momento, entendendo sua dor, procurei consolá-la, contando uma passagem verídica lida por mim numa revista de circulação nacional: um sacerdote católico, em visita a um grande presídio da cidade de São Paulo soube, por intermédio de um detento, que seu colega de cela era auxiliado pela mãe do rapaz assassinado por ele. O sacerdote, interessado no caso, procurou por ele para que este lhe contasse detalhes do ocorrido. Segundo o prisioneiro, durante o velório do rapaz assassinado por ele, a mãe, inconsolável, não conseguia, sequer, fazer uma prece, tamanha a indignação e revolta que sentia. Começou, entretanto, a perceber que aquele sentimento de rancor, alimentado em seu coração, iria consumi-la por toda a vida. Tomou, então, a mais sábia das decisões: a partir daquele momento, ao invés de odiar o criminoso, tentaria, de todas as formas, ajudá-lo. E assim procurou fazer. Desde a primeira semana de prisão do rapaz, visitava-o constantemente, procurando lhe proporcionar conforto espiritual e material. Assim procedeu durante doze longos anos. O assassino confessou ao sacerdote que, durante dois anos, não comia nada do que lhe era oferecido por aquela senhora, com medo de ser envenenado. Aos poucos, no entanto, foi se afeiçoando a ela e passou a acreditar nas intenções daquela mãe tão sofrida. Agora, próximo de cumprir sua pena, destacando-se pelo comportamento exemplar, adquirido, sobretudo pelos exemplos daquela mulher extraordinária, podia refletir melhor sobre a brutalidade do ato que cometera. Havia, com a sua ajuda, se espiritualizado e, emocionado, disse ao sacerdote que saia das grandes de ferro, mas entrava em outras grades: as de sua consciência. No processo de crescimento espiritual, aumentou o seu arrependimento por ferir e ter feito sofrer aquela criatura que tanto lhe ajudara. Sairia em breve da prisão. No entanto, não se sentia totalmente livre, já que ainda estava preso à sua consciência. A partir dali, certamente procuraria sua verdadeira libertação por meio da prática do bem e do amor aos seus semelhantes.

Não é por acaso, pois, que atravessamos situações difíceis como essa pelas quais passou aquela mãe. Temos que entender que o perdão é benéfico para quem perdoa. Encarnados, não temos condições de entender determinadas situações originárias de nosso passado delituoso, visto que, na realidade, somos todos herança de nós mesmos. Somos ainda espíritos imperfeitos e, portanto, suscetíveis ao erro. Ninguém, na fase evolutiva na qual nos encontramos, atingiu a perfeição. O erro faz parte do cenário de nossas vidas. Cada um está em uma faixa evolutiva, com determinados aprendizados realizados e com muitos outros a realizar. Se alguém nos ofende, não é, talvez em grande parte dos casos, por maldade, mas sim por ignorância espiritual. Os pais, diante das faltas dos filhos ainda crianças, costumam perdoar-lhes facilmente os erros, afirmando que "eles são apenas crianças." Assim também devemos compreender o nosso ofensor, percebendo que ele ainda se encontra em sua infância espiritual.

O perdão sempre traz grande alívio para quem perdoa. Se alguém nos ofendeu ou magoou, o problema é dele e não nosso. O ofensor, quase sempre, é um enfermo que, certamente, atravessa dificuldades íntimas maiores do que as nossas.

A mãe revoltada entendeu que esquecer o ocorrido lhe seria impossível, mas perdoar o criminoso estava ao seu alcance, mesmo porque Jesus nos ensinou que somente seria perdoado aquele que perdoasse. A lei do amor nos impõe o dever de não só perdoar, mas, acima de tudo, auxiliar nossos inimigos. Suportemos com equilíbrio os ataques, a calúnia, o despeito e o ciúme de nossos desafetos. Retribuir o mal com o bem nos traz saúde, paz e felicidade. Não guardemos nunca rancor em nossos corações, pois mágoa guardada é como ácido a corroer o íntimo. Em vez do ódio, do revide e do rancor, lembremo-nos do sândalo, madeira que, ao ser cortada pelo lenhador, transfere seu perfume para o machado que a fere.

Sejamos solidários

"Para exercermos a caridade, não necessitamos, muitas vezes, de um centavo sequer. O carinho de uma palavra ou de um gesto nobre já é o bastante".

Ainda hoje, me lembro do desastre ocorrido com o meu tio Salvador, que vinha em um táxi do Rio de Janeiro para Belo Horizonte. Nas imediações da cidade de Conselheiro Lafaiete, o táxi no qual viajava se descontrolou e caiu em um precipício. O veículo deu diversas cambalhotas e, ao parar, todos os ocupantes, exceto meu tio, estavam desmaiados. Acordado e com várias fraturas no corpo, se viu só e abandonado na fria escuridão daquele abismo. Sem poder se mover, em razão das fraturas, passou momentos angustiantes de muita aflição e dor. Passado algum tempo, surgiu, como que por encanto, um rapaz que, percebendo a extensão do acidente, desceu até o veículo, aproximou-se do meu tio, o afagou ternamente, beijou sua mão e lhe pediu força e coragem, pois o socorro estava a caminho. E assim ocorreu. Após mais ou menos meia hora, chegou o socorro esperado. Todos os acidentados foram levados para o hospital mais próximo e socorridos pelos médicos de plantão. Após a alta hospitalar, levamos meu tio para nosso sítio, no interior de Minas Gerais. Ele permaneceu ali, convalescendo, durante um mês. Em todo esse período, se lembrava do bom samaritano, que fora tão bondoso e carinhoso para com ele naquela estrada. Enquanto viveu, tio Salvador nunca se esqueceu do jovem, que, em momento tão crítico da sua vida, foi amigo, fraterno e solidário. Sempre rogava em suas orações pelo bom rapaz. Nunca mais se encontrou com ele, não soube seu nome, mas jamais se esqueceu da grandeza de seu ato.

Para exercermos a caridade não necessitamos, muitas vezes, de um centavo sequer. O carinho de uma palavra ou de um gesto nobre já é o bastante. No momento difícil pelo qual atravessa a nossa sociedade, é importante refletirmos sobre nossa postura frente aos semelhantes que necessitam de nossa ajuda. Nunca devemos ter medo de ajudar a todos que cruzarem nosso caminho e necessitarem de nosso auxílio. Quando abrimos nossos corações com amor e carinho para amparar àqueles que passam por dificuldades, estamos sob a proteção de benfeitores espirituais.

Participamos de uma sociedade cada vez mais violenta e selvagem. Vivemos, na maioria das vezes, em pânico, com medo de tudo e de todos. Esse medo acaba nos afastando do contato com o mundo e, sem que percebamos, vamos nos tornando cada vez mais frios e indiferentes, vendo em todos possíveis agressores e assassinos. Em um país líder em desigualdades sociais como o nosso ainda existem alguns comerciantes insensíveis, intolerantes e desumanos, que, além de não ajudarem, proíbem seus funcionários de praticar a caridade, de dar a um morador de rua um prato de comida, um pão, qualquer alimento capaz de saciar a fome. Alguns deles se cotizam, formando verdadeiras associações de perseguidores de moradores de rua. Nunca podemos nos esquecer que, como parte da sociedade, somos também culpados por tanta desigualdade social, que gera a violência e as injustiças sociais vigentes. O miserável que perambula pelas ruas à procura de um pedaço de pão é, também, carente de afeto, de atenção, de amor e de compreensão. Se pensarmos que todas as pessoas que pedem socorro à beira de uma estrada são ladrões ou assassinos, puniremos a nós mesmos, pois quantos de nós já necessitamos ou necessitaremos de socorro em algum momento de nossas vidas? Quem já precisou de auxílio sabe, por certo, o quanto a ajuda é importante. Nossa insensibilidade decorre, principalmente, da nossa falta de fé e de confiança. Temos que acreditar que ao praticar o bem somos envolvidos pelo bem e, assim, estaremos protegidos.

Adelino da Silveira[17] nos relata um fato ocorrido na cidade de Pedro Leopoldo, com o nosso querido Chico Xavier, que, certo dia, ao voltar para seu lar, foi abordado por dois desconhecidos. Um deles foi logo dizendo:

– Passa pra cá todo o dinheiro que tiver no bolso!

---

17. SILVEIRA, A. *Chico de Francisco*. 1. ed. São Paulo: Cultura Espírita União (C.E.U.), 1987.

Chico remexeu em seus bolsos e, só encontrando cinco cruzeiros, disse aos ladrões:

– Olhem, eu só tenho cinco cruzeiros, mas, por favor, não me façam mal. Tenho muitas crianças para cuidar...

Um dos assaltantes, que parecia ter um pouco mais de bondade no coração, lhe perguntou:

– Você é casado?

– Não – respondeu Chico.

– Então, que história é essa de crianças?

– São crianças que eu cuido. Umas são parentas; outras, necessitadas e carentes, mas cuido de todas.

Nesse momento, o outro assaltante intervém e diz:

– Não te disse que não valia a pena assaltá-lo? Olha as roupas remendadas... o sapato, então, parece a boca aberta de um jacaré... vamos embora, porque esse aí está pior que nós!

O assaltante mais bondoso pergunta ao outro:

– Você ainda tem aqueles duzentos cruzeiros com você?

– Você não vai fazer o que eu estou pensando, vai?" – responde o outro.

– Vamos, me passe o dinheiro depressa!

Em posse do dinheiro, o entregou ao Chico e lhe disse:

– Toma esse dinheiro e compre leite para as suas crianças.

Chamou o outro ladrão para irem embora, e Chico, aliviado, escorou-se em um poste e lhes disse:

– Muito obrigado, meus irmãos. Que Jesus os abençoe e os acompanhe.

O ladrão que havia lhe dado o dinheiro lhe perguntou:

– Você acha que Jesus vai nos abençoar e nos acompanhar? Nós somos ladrões!

– Como não, meu irmão? – disse-lhe Chico. – Ele escolheu dois de vocês para sair da Terra com Ele.

Sem revolta nem desespero

"Um casulo é o túmulo de uma lagarta e o berço de uma borboleta; também a morte para o homem é o princípio de uma nova vida."
Marquês de Maricá.

Meu primo Péricles é médico em São José dos Campos e sempre me envia páginas lindíssimas que, com sua sensibilidade, garimpa na internet. Uma dessas páginas me tocou profundamente. De autoria de seu colega de profissão, Dr. Rogério Brandão, médico oncologista, é intitulada "Definição de Saudade" e diz o seguinte:

"Como médico oncologista, já calejado com longos 29 anos de atuação profissional, posso afirmar que cresci e modifiquei-me com os dramas vivenciados por meus pacientes. Não conhecemos nossa verdadeira dimensão até que, pegos pela adversidade, descobrimos que somos capazes de ir muito mais além. Recordo-me com emoção do Hospital do Câncer de Pernambuco, onde dei meus primeiros passos como profissional. Comecei a frequentar a enfermaria infantil e apaixonei-me pela oncopediatria. Vivenciei os dramas dos meus pacientes, crianças vítimas inocentes do câncer. Com o nascimento de minha primeira filha, comecei a me acovardar ao ver o sofrimento daquelas crianças. Até o dia em que um anjo passou por mim! Meu anjo veio na forma de uma criança, já com 11 anos, calejada por dois longos anos de tratamentos diversos, manipulações, injeções e todos os desconfortos trazidos pelos programas de quimioterapias e radioterapias. Mas nunca vi o pequeno anjo fraquejar. A vi chorar muitas vezes; também vi medo em seus olhinhos; porém, isso é humano! Um dia, cheguei ao hospital cedinho e encontrei meu anjo, sozinha no quarto. Perguntei por sua mãe. A resposta que recebi, ainda hoje, não consigo contar sem vivenciar profunda emoção.

– Tio – disse-me ela –, às vezes minha mãe sai do quarto para chorar escondido nos corredores... Quando eu morrer, acho que ela vai ficar com muita saudade. Mas eu não tenho medo de morrer, tio. Eu não nasci para esta vida!

Indaguei:

– E o que a morte representa para você, minha querida?

– Olha, tio, quando a gente é pequena, às vezes vamos dormir na cama de nossos pais, e, no outro dia, acordamos em nossa própria cama, não é?

Lembrei das minhas filhas, na época crianças de seis e dois anos, e me dei conta de que, com elas, eu procedia exatamente assim. E lhe disse:

– É isso mesmo.

– Um dia eu vou dormir e o meu Pai vem me buscar. Vou acordar na casa Dele, na minha vida verdadeira.

Fiquei emocionado, não sabia o que dizer. Fiquei chocado com a maturidade com que o sofrimento acelerou a visão e a espiritualidade daquela criança.

– E minha mãe vai ficar com saudades – emendou ela.

Emocionado, contendo uma lágrima e um soluço, perguntei-lhe:

– E o que a saudade significa para você, minha querida?

– Saudade é o amor que fica."

Hoje, aos 53 anos de idade, desafio qualquer um a dar uma definição melhor, mais direta e mais simples para a palavra saudade: é o amor que fica. Meu anjinho já se foi há longos anos, mas deixou-me uma grande lição que ajudou a melhorar a minha vida. Hoje, tento ser mais humano e carinhoso com os meus doentes e repenso meus valores. Quando, à noite, o céu está limpo e vejo uma estrela, chamo pelo meu anjo, que brilha e resplandece no céu. Imagino ser ela uma fulgurante estrela em sua nova e eterna casa. Obrigado, anjinho, pela vida bonita que teve, pelas lições que você me ensinou, pela ajuda que me deu! Quem bom que existe saudade! O amor que ficou é eterno!

Uma das dores emocionais que mais nos machucam, que são mais dolorosas, que mais nos fazem chorar, é a dor de ver uma criança condenada a partir mais cedo do que nós. Quando essa criança é um ser querido, um filho, um neto, esse sofrimento esmaga e estraçalha nossa alma e nosso coração. No Ocidente, a maior parte de nossos contemporâneos recusa a ideia da própria morte, a ideia de que se possa conviver com ela e abordá-la de forma consciente e tranquila no dia de sua chegada. Já a sabedoria dos budistas, no Oriente, que aceitam a morte como parte integrante da vida, se aproxima mais dos ensinos de Jesus, que nos disse que não encontraríamos na morte nada mais do que vida, e vida em abundância.

A nossa existência é espiritual. Com a morte, abandonamos o corpo físico, mas o espírito continua sua jornada evolutiva em outra dimensão. Monteiro Lobato (1882–1948), o grande escritor brasileiro, dizia: "Quando morremos, passamos do estado sólido para o gasoso, mas continuamos a ser os mesmos." Morrer é fatalidade que nos aguarda, e devemos esperar a morte com serenidade e confiança, pois ela é degrau para a ascensão espiritual de todos nós. A vida é eterna, alternando-se no plano físico e no espiritual, de conformidade com nossas necessidades evolutivas. Os desígnios de Deus são insondáveis e, na carne, não temos condições de entender a partida prematura de nossas crianças, de nossos anjinhos. Às vezes, o que nos parece o mal é o bem maior, nosso benefício. Quantas pessoas despertaram espiritualmente depois da partida de seus entes queridos? Se perdermos um ser amado, por maior que seja nossa dor, não podemos nos desesperar. Um dia, todos faremos a grande viagem. Mais cedo ou mais tarde, nos encontraremos na grandeza da vida imortal. Por isso, aceitemos com serenidade os desígnios de Deus e tenhamos a certeza de que eles, os chamados mortos, prosseguem vivendo e esperando por nós. Esforcemo-nos para encontrar resignação, pois o amor vence toda e qualquer distância, por maior que ela seja.

Pensemos como o anjinho, paciente do Dr. Rogério Brandão: "Um dia eu vou dormir e o meu Pai virá me buscar. Vou acordar na casa Dele, na minha verdadeira vida."

A morte, para o cristão, não deve ser entendida como o fim, o caos, a desagregação total, pois a alma, que é nossa individualidade, é imortal. Temos consciência de que nosso corpo, mesmo quando abençoado pela saúde, é uma prisão, e os sofrimentos que algumas vezes se experimentam no momento da morte são um gozo para o espírito, que vê chegar ao fim o seu exílio. O grande poeta persa Al-Ghazali (1058–1111), assim se expressou: "Não choreis vossos mortos, pois a vida nada mais é do que a gaiola de onde os pássaros voaram."

Diz uma antiga lenda árabe que um rabi, religioso e dedicado, vivia muito feliz com sua família, uma esposa adorável e dois filhos queridos. Certa vez, por imperativos da religião, o rabi empreendeu uma longa viagem, ausentando-se do lar por vários dias. No período em que estava ausente, um grave acidente provocou a morte de seus dois filhos amados. A mãezinha sentiu o coração dilacerado pela dor. No entanto, por ser uma mulher forte, sustentada pela fé e pela confiança em Deus, suportou o choque com bravura. Todavia, uma preocupação lhe vinha sempre à mente: como dar ao esposo a triste notícia? Sabendo-o portador de uma deficiência cardíaca, temia que o amado não suportasse tamanha comoção. Lembrou-se de fazer uma prece. Rogou a Deus auxílio para resolver a difícil questão. Alguns dias depois, em um final de tarde, o rabi retornou ao lar. Abraçou longamente a esposa e perguntou pelos filhos. Ela lhe disse que não se preocupasse, pois logo depois lhe falaria dos garotos. Momentos depois estavam ambos sentados à mesa. Ela lhe indagou sobre a viagem e ele, novamente, lhe perguntou sobre os filhos. A esposa, um tanto embaraçada, respondeu ao marido:

– Deixe os filhos. Primeiro quero que me ajude a resolver um problema que considero grave.

O marido, um pouco preocupado, perguntou:

– O que aconteceu? Notei você abatida... Fale! Resolveremos juntos, com a ajuda de Deus.

– Enquanto você esteve ausente, um amigo nosso me visitou e deixou duas joias de valor incalculável para que as guardássemos. São joias muito preciosas, jamais vi algo tão belo! E o problema é esse! Ele vem buscá-las e eu não estou disposta a devolvê-las, pois já me afeiçoei a elas. O que você me diz?

– Ora, mulher! Não estou entendendo o seu comportamento. Você nunca cultivou vaidades! Por que isso agora?

– É que eu nunca havia visto joias assim! São tão maravilhosas!

– Podem até ser, mas não lhe pertencem. Você terá que devolvê-las!

– Mas eu não consigo aceitar a ideia de perdê-las!

E o rabi respondeu com firmeza:

– Ninguém perde o que não possui. Retê-las seria roubo! Vamos devolvê-las. Eu a ajudarei. Faremos isso juntos, hoje mesmo.

– Pois bem, meu querido, que seja feita a sua vontade. O tesouro será devolvido. Na verdade, isso já foi feito. As joias preciosas eram nossos filhos. Deus os confiou à nossa guarda e, durante sua viagem, Ele veio buscá-los. Eles se foram.

O rabi compreendeu a mensagem. Abraçou a esposa e, juntos, derramaram grossas lágrimas de dor e de sofrimento, mas sem revolta nem desespero.

Só lobo cai em armadilha de lobo

"E Jesus disse-lhe: se tu podes crer; tudo é possível ao homem que crê." Marcos, 9:23

Lívia era uma criatura de muita fé. Trabalhava como enfermeira em um grande hospital na cidade de Ribeirão Preto, Estado de São Paulo. Frequentava, com assiduidade, um grupo espírita no bairro onde residia. Como morava relativamente perto do trabalho, sempre fazia o percurso casa-trabalho a pé e, muitas vezes, altas horas da noite. Durante muitos anos, não esquecia, em suas orações, de rogar aos amigos espirituais que a protegessem durante o trajeto. Uma noite, quando ia para casa, notou, apavorada, que era seguida por um homem de péssima aparência. Acelerou seus passos e redobrou suas preces. No entanto, muito rapidamente, foi arrastada brutalmente para um lote vago. Lívia sentiu um grande mal-estar estomacal e passou a ter uma séria crise de vômitos. Em vista do inusitado, o homem largou a enfermeira e saiu correndo, assustado com a situação. No dia seguinte, no grupo espírita que frequentava, Lívia soube, no final da reunião mediúnica, que seus amigos espirituais lhe haviam provocado o mal-estar e, consequentemente, os vômitos. Os benfeitores espirituais dispõem de meios inimagináveis para agir em nosso favor, quando merecemos a ajuda. Suas orações foram ouvidas porque tinha méritos para tal.

Temos sempre que orar com fervor, que consiste na certeza de que tudo podemos se estamos harmonizados com Deus. Enquanto não compreendermos que o segredo do "pedir" está em nós mesmos, com a mudança de nossa conduta, nada conseguiremos. Na maioria das vezes, queremos que Deus aja em nós, mas não desejamos o esforço da renovação. Os espíritos esclareceram a Kardec: "Aquele que ora com fervor e confiança se faz mais forte contra as tentações do mal."

A afirmação de Jesus: "Seja o que for que peçais na prece, crede que o obtereis e concedido vos será o que pedires",[18] pode ser concretizada na dependência do esforço de cada um de nós, para que possamos receber por nosso merecimento, por nossa conquista e nunca pela ação da graça, apenas. O apóstolo Paulo, inspirado, disse: "Tudo é possível ao homem que crê; tudo podemos Naquele que nos conforta; tudo podemos Naquele que nos fortalece".[19] O espírito André Luiz diz ainda: "A prece, qualquer que seja ela, é ação provocando a reação que lhe corresponde. Conforme a sua natureza, paira

18. Marcos, 11:24.

19. Filipenses, 4: 13.

na região na qual foi emitida, ou eleva-se mais ou menos, recebendo a resposta imediata ou remota, segundo a finalidade a que se destina." O período transcorrido entre o pedido e seu atendimento pode ser instantâneo, levar dias, meses ou anos, mas, certamente, sempre virá. O seu efeito é tão poderoso que um amigo espiritual chegou a comentar que, se a humanidade terrena soubesse realmente do que é capaz, a maioria dos homens viveria mais de joelhos do que de pé.

Conta uma antiga lenda da Idade Média que, um homem muito honesto foi injustamente acusado assassinar uma mulher. Na verdade, o autor do crime era uma pessoa bastante influente no reino e, por isso, desde o primeiro momento, procurou-se um bode expiatório para acobertar o assassino. O homem foi levado a julgamento, temendo a condenação: a forca. Ele sabia que tudo iria ser feito para incriminá-lo e que teria poucas chances de sair vivo dessa história. O juiz, que também estava envolvido na trama, empenhado em levar o pobre homem à morte, simulou um julgamento justo e, para isso, fez a seguinte proposta ao acusado:

– Sou de uma profunda religiosidade e, vou deixar sua sorte nas mãos do Senhor. Vou escrever em um pedaço de papel a palavra "inocente" e em outro pedaço a palavra "culpado". Você sorteará um dos papéis e a palavra sorteada será a do meu veredicto. O Senhor decidirá o seu destino. Sem que o acusado percebesse, o juiz preparou os dois papéis, mas em ambos escreveu "culpado", de modo que, não havia nenhuma chance do homem livrar-se da forca. O juiz colocou os dois papéis sobre uma mesa e mandou que o acusado escolhesse um deles. O homem pensou alguns segundos e, pressentindo a vibração, aproximou-se confiante da mesa, pegou um dos papéis e, rapidamente, colocou-o na boca e o engoliu. Os presentes ao julgamento reagiram surpresos e indignados com a atitude do homem.

– Mas o que você fez? E agora? Como vamos saber o veredicto?

– É muito fácil, respondeu o homem. Basta olhar o pedaço que sobrou e saberemos que acabei engolindo o seu contrário.

Imediatamente, o homem foi libertado.[20]

Essa lenda nos deixa a certeza de que, quando estamos harmonizados com Deus, sempre virá o recurso necessário que nos livrará de qualquer mal. Procuremos nos sintonizar com nossos amigos espirituais e façamos nossa parte, certos de que: "só lobo cai em armadilha de lobo."

---

20. RANGEL, A. *As mais belas parábolas de todos os tempos*.Veredicto. Belo Horizonte: Editora Leitura, 2002. v.1. p. 91.

Ter consciência

"Nossa consciência é um grande tribunal no qual seremos bons juízes se pautarmos nossa vida pelos padrões da moralidade e da ética cristã."

Existem acontecimentos difíceis de serem esquecidos. Um deles ocorreu conosco no aeroporto de Barajas, na cidade de Madrid, na Espanha. Quando, por motivos acadêmicos, residimos nesse país, tivemos a alegria de receber em nossa casa muitos amigos brasileiros. Entre eles o casal Walmir e Nadir de Paula, ambos integrantes do Grupo de Fraternidade Irmã Scheilla, de Belo Horizonte.

No dia do retorno de nossos amigos ao Brasil, com as preocupações naturais do embarque, passaportes e da correria para chegar a tempo de pegar o voo, Nadir esqueceu sua carteira com dólares e documentos no táxi que nos levou ao aeroporto.

Quando estávamos junto deles, na fila para o *check-in*, após quase uma hora desde o desembarque do táxi, eis que surge o motorista com a carteira na mão, exultante de alegria por nos encontrar. Ele nos disse que, ao voltar ao centro da cidade em busca de passageiros, percebeu, no banco de trás do veículo, a carteira esquecida e retornou imediatamente para o aeroporto, à nossa procura.

Que nobre ação daquele motorista! Nossos amigos embarcaram para o Brasil e nós voltamos ao lar certos de que ainda existem pessoas boas e honestas em nosso planeta.

Muitas vezes, em diversas ocasiões, somos testados pela Providência Divina, ora por um troco recebido a mais, ora por uma carteira ou por um objeto valioso que encontramos, enfim, diversas situações que exigem acurada reflexão de nossa consciência. E são nesses momentos que o verdadeiro cristão dá o seu testemunho de fidelidade e coerência de acordo com os ensinamentos de Jesus.

A consciência é algo que sentimos. Ela se manifesta, antes de tudo, no campo da afeição ou dos afetos. É a voz secreta da alma, que habita em nosso interior e nos orienta para o caminho do bem. Ela tem o poder de nos abraçar e nos conduzir pela vida afora, porque está em plena comunhão com o mais poderoso alimento da vida, o amor.

O Espírito Emmanuel diz que "ninguém despreze a opinião da própria consciência, porquanto a voz de Deus, comumente, nos esclarecerá neste santuário divino... recorda-te que não é possível conciliar o dever com a leviandade, nem a verdade com a mentira.[21]

21. XAVIER, F. C. *Caminho Verdade e Vida*. 28. ed. Rio de Janeiro: Federação Espírita Brasileira, 2007.

É impossível, pois, servir a Deus e a Manon[22] – às riquezas – servir à luz e às sombras ao mesmo tempo. Fazer o bem é dever de todo cristão. Entendamos que, na pratica da caridade, o maior beneficiado não é quem a recebe, mas aquele que a pratica. A atitude do taxista espanhol foi louvável, pois ele certamente se colocou no lugar da estrangeira que perdera o dinheiro e seus documentos.

A generosidade em retornar ao aeroporto perdendo seu tempo em nos procurar nos tocou profundamente o coração. Fez questão de não receber um centavo de recompensa. Praticou o bem pelo próprio bem. Identificamos no seu gesto a sugestão de Jesus quando nos ensinou que deveríamos fazer aos outros o que gostaríamos que os outros nos fizessem.

Quantas vezes empresas desonestas nos propõem transações ilícitas para a compra de produtos superfaturados? Um amigo nosso, dirigente de uma grande empresa agrária, contou-me que, por diversas vezes, foi tentado a fazer coisas que exigiram profunda reflexão de sua consciência. Um exemplo foi quando providenciava a compra para a empresa de grande quantidade de gado leiteiro do exterior e recebeu como presente um carro luxuoso novinho em folha. Imediatamente recusou o "agrado", pois percebeu que ali havia algo desonesto, ilícito. Ficou muito assustado com a maneira corrupta pela qual aquela empresa realizava suas transações, e solicitou, sem demora, que o valor do carro fosse abatido do total da compra dos animais. Brincando, nos disse que não queria

---

22. KARDEC, A. O *Evangelho Segundo o Espiritismo*. Cap. 16º. São Paulo: Petit.

chegar ao mundo espiritual de Mercedes, que preferia fazer a grande viagem sem esse luxo.

Infelizmente, é fácil perceber que esse tipo de transação, apesar de levar a aparência de lícita, não deixa de ser bastante desonesta, pois induz ao que detêm algum poder ou chefia ao abuso das prerrogativas do cargo para obtenção de lucro fácil. Como normalmente é difícil ser provada tal "jogada" econômica, o expediente quase sempre passa despercebido da lei dos homens. Aquele que se deixa corromper comete um crime tão grave quanto aquele que corrompe alguém. Perante as leis divinas, ambos são faltosos, corruptos, e serão penalizados pela Lei de Ação e Reação. Se não existissem pessoas receptivas à corrupção, certamente não existiriam corruptores.

Para melhor ilustrar esses comentários, recordo uma lendária parábola:

> "Há muito tempo, um mestre vivia junto com um grande número de discípulos em um templo arruinado. Os discípulos sobreviviam de esmolas e doações conseguidas em uma cidade próxima. Logo, muitos deles começaram a reclamar das péssimas condições em que viviam. Em resposta, o velho mestre lhes disse:
>
> – Nós devemos reformar as paredes do templo. Já que somente ocupamos o nosso tempo estudando e meditando, não há tempo para trabalhar e arrecadar o dinheiro de que precisamos. Assim, pensei em uma solução bastante simples.
>
> Todos os discípulos se reuniram diante do mestre, ansiosos em ouvir suas palavras. E assim disse o mestre:

– Cada um de vocês deve ir à cidade e roubar bens que poderão ser vendidos para a arrecadação de dinheiro. Dessa forma, seremos capazes de fazer uma boa reforma em nosso templo.

Os discípulos ficaram espantados com a sugestão e, mais ainda, por esta vir do mestre. Como todos o respeitavam muito, acabaram por não fazer nenhum protesto. E o mestre disse, logo a seguir, de modo bastante severo:

– No sentido de não manchar a nossa excelente reputação, já que estaremos cometendo atos ilegais e imorais, solicito que vocês cometam o roubo somente quando ninguém estiver olhando. Não quero que ninguém seja pego.

Quando o mestre se afastou, os discípulos discutiram o plano entre eles:

– É errado roubar! – disse um deles. – Por que nosso mestre nos solicitou para cometermos esse ato?

Outro respondeu, em seguida:

– Isso permitirá a reforma de nosso templo, e essa é uma boa causa.

Assim, todos concordaram que o mestre era sábio e justo e deveria ter uma razão para fazer tal tipo de solicitação. Logo, partiram em direção à cidade, se comprometendo a não serem apanhados, para não causarem transtornos ao templo.

– Sejamos cuidadosos e não deixemos que ninguém nos veja roubando – disse um deles.

Todos os discípulos, com exceção de um, foram à cidade. O sábio mestre se aproximou daquele que não se juntou ao grupo e lhe perguntou:

– Por que você ficou para trás?

O rapaz lhe respondeu:

– Eu não posso seguir suas instruções para roubar onde ninguém esteja vendo. Não importa aonde eu vá, eu sempre estarei olhando para mim mesmo. Meus próprios olhos irão ver-me roubando.

O sábio mestre lhe abraçou com um sorriso de alegria e lhe disse:

– Eu somente estava testando a integridade de meus discípulos e você foi o único que passou no teste!

Após muitos anos, aquele garoto se tornou um grande mestre.[23]

---

23. RANGEL, A. *As mais belas parábolas de todos os tempos*. Olhando para mim mesmo. 9 ed. Belo Horizonte: Editora Leitura, 2002. v.1. pp. 35-36.

Terapêutica espírita para as dependências

"Concedei-me, Senhor, a serenidade necessária para aceitar as coisas que não posso modificar; coragem para modificar aquelas que posso e sabedoria para distinguir uma da outra."

Oração da Serenidade

Durante algum tempo, frequentamos a Fraternidade Cristã Espírita Luiz Sérgio, em Belo Horizonte, com a intenção de nos familiarizarmos com o Programa Renascer, terapêutica espírita para o tratamento de dependências. Reunidos com alguns colegas do Movimento Espírita de Sete Lagoas, participamos, naquela casa, de um curso preparatório de introdução a um programa semelhante ao adotado no Grupo Kardecista Fraternidade Eterna, na cidade de Inhaúma, em Minas Gerais. A Fraternidade Cristã Espírita Luiz Sérgio tem seu trabalho totalmente voltado ao apoio, à recuperação e à libertação do ser humano das dependências, sejam elas químicas ou de outra natureza. Ali, com a ajuda de Janete Reis e de outros dedicados colaboradores da Casa, muito aprendemos sobre drogas, dependências e co-dependências.

O programa se fundamenta nas seguintes constatações:

- ☞ As dependências têm raízes no espírito. O espírito é a sede dos desejos, das emoções, das concepções e dos valores do ser. Sendo assim, primeiro a dependência é espiritual; depois, física.
- ☞ A prioridade do programa é o espírito. Esse é o núcleo de nossa vida, a essência de nosso ser.
- ☞ Obviamente, se a raiz da dependência está no espírito, a cura só pode acontecer de dentro para fora. Sendo assim, somente existe a autocura e nós somos agentes e não observadores do processo de cura.
- ☞ O "remédio" seguro para a nossa autocura é a autoeducação, por meio da qual modificamos os nossos valores e conceitos, nossa forma de enxergar a vida e o nosso papel dentro dela.
- ☞ Por intermédio do pensamento voltado para os vícios, atraímos companhias espirituais afins que acabam por interferir em nossa maneira de agir.
- ☞ Quase sempre a família do dependente adoece com ele. A doença da família é a co-dependência. Se a família é desequilibrada, não será capaz de auxiliar o dependente em sua recuperação e ainda poderá contribuir para que ele, e até mesmo outros

membros da família, venham a cair em situações igualmente desastrosas.[24]

Aprendi que cerca de 80% dos alcoólatras começam a experimentar a bebida alcoólica em seus lares, nos famosos churrascos de fim de semana. Portanto, cabe a nós mais cuidado em relação ao consumo de bebidas. Nunca esqueçamos de que o álcool é também uma droga. A falta de proximidade entre pais e filhos, a ausência de religiosidade no grupo familiar, o mau exemplo dos pais ingerindo bebidas alcoólicas junto a filhos menores, fumando e usando tranquilizantes têm sido alguns dos principais desencadeantes do uso de drogas pelos filhos. De maneira geral, o perfil do jovem usuário é o daquele oriundo de lares em crise. A porta de entrada no vício é a desestruturação familiar e outras ocorrências, tais como: a curiosidade, as más companhias e a busca por emoções fortes e diferentes. Se a infância e a adolescência transcorrem sadias, vivenciadas em lares estáveis e equilibrados, será muito mais difícil que os filhos se tornem usuários. Entretanto, é bom que se diga que lares bem formados não estão totalmente imunes a receber filhos que, apesar da boa educação, envolvem-se com a problemática das drogas.

No periódico católico "Êxodo", de número 22, da Paróquia de São Silvestre, em Viçosa, Minas Gerais, encontramos este interessante artigo, que leva o sugestivo nome de "Bode Expiatório":

---

24. Apostila Programa Renascer. Terapêutica Espírita para as dependências. Fraternidade Espírita Cristã Luiz Sérgio. Belo Horizonte, MG.

> "O senhor prefeito tinha um filho de 19 anos, inteligente, alegre, estudioso e com várias outras qualidades, o que deixava o pai muito orgulhoso e feliz. Um dia, esse pai foi chamado ao hospital, já que seu único filho havia sofrido um grave acidente de carro. Lá chegando, foi informado de que este havia falecido, pois, ao dirigir embriagado, havia batido em alta velocidade em um poste. O pai, legitimamente revoltado, dizia chorando:
>
> – Eu quero saber quem foi o miserável que vendeu bebida para meu filho! Ele era tão bom e tinha uma vida cheia de possibilidades pela frente, e esse assassino tem que morrer também! Eu mato este homem!
>
> Chegando em casa, desesperado, encontrou um bilhete:
>
> 'Meu pai, passei no vestibular e vou sair de carro para comemorar com os amigos. Como não tenho dinheiro, peguei uma de suas garrafas de uísque. Depois ponho outra no lugar. Beijos do filho que te ama.'"

Que grande problema de consciência viveu esse pai! Desejava matar o culpado pela embriaguez e morte de seu filho e, quando leu o bilhete, se deu conta de que ele havia, indiretamente, contribuído para a tragédia, estocando bebida no próprio lar. O pai, agindo assim, certamente estimulara o desejo do filho, e este se esqueceu de que bebida não combina com o volante.

Como dissemos, o espírito é a sede dos desejos; sendo assim, temos a obrigação de ajudar nossos filhos a se autoeducar por meio da reforma íntima. Reformar-se intimamente é tarefa que cabe a cada um de nós, de modo bem particular. Por isso, os pais, por mais equilibrados que sejam, terão grandes dificuldades para ajudar um filho que não queira ser ajudado. A vontade é o grande fator determinante de qualquer mudança. O filho que se droga necessita de muito amor e atenção. Ao lado da abordagem espiritual, é necessária a ajuda de bons profissionais especializados na problemática das drogas e da dependência química. Os pais jamais deverão usar a violência, surras, castigos cruéis e palavrões depreciativos. O diálogo e o amor devem sempre preponderar. Temos que aceitar cada um com suas limitações, por entender que todos fazem o melhor que podem, considerando sua trajetória evolutiva.

De uma palestra nossa extraímos, a título de ilustração, uma antiga lenda árabe que exemplifica as terríveis consequências do alcoolismo:

> "Numa noite de borrasca, o Diabo apareceu a certo rapaz e o amedrontou:
>
> – Tua morte está muito próxima. Mas eu posso prolongar tua vida se aceitares uma dessas três condições: matar teu pai, surrar tua irmã ou entregar-te ao vício da embriaguez.
>
> Protestou o moço:
>
> – Matar meu velho pai? Isso nunca! Ele, que tanto se sacrificou em meu benefício! Seria a maior das injúrias!
>
> – Então, surre tua irmã – propôs o Diabo.
>
> – Também não. Ela é sangue do meu sangue. Minha querida irmãzinha é um anjo de bondade, a quem dedico estima ilimitada.
>
> Logo diz, astutamente, o legendário Príncipe das Trevas:
>
> – Não lhe resta alternativa! Ou a morte ou a bebedeira!

O jovem percebeu que estava em um beco sem saída. 'Dos males, o menor', pensou com seus botões. Agarrando-se à vida, aventurou-se ao vício do alcoolismo. Entretanto, um dia, embriagado, matou o pai e espancou barbaramente a sua irmãzinha."

Um leão chamado Christian

"Os animais são criaturas de Deus confiadas aos homens para alegrar suas vidas."

Nossa história começa em Londres, nos alucinantes anos 1960. Na seção de animais exóticos, da Harrods, lendária loja de departamentos que, na época, tinha como lema "tudo para todos, em todo lugar", havia um filhote de leão em uma pequena jaula. John Randall e Anthony Ace Bourke, dois jovens australianos, avistaram, por acaso, o "gatinho" africano e decidiram comprá-lo. Eles batizaram o filhote como Christian e o criaram como um bichinho de estimação em seu apartamento, localizado no bairro londrino de Chelsea.

O filhote domesticado acabou ficando grande demais para o centro de Londres e eles, por razões óbvias, decidiram levá-lo para a África. Um ano depois de se separarem do adorado bichinho, Randall e Bourke viajaram para o norte do Quênia, onde Christian se integrara maravilhosamente bem à vida selvagem. A reunião dos dois com o leão foi filmada. Quatro décadas depois, esse reencontro foi divulgado no YouTube, onde já foi visto por milhões de pessoas, e hoje também circula por email, fazendo enorme sucesso no mundo inteiro.

O clipe de três minutos começa com Christian em cima de uma pedra enquanto os dois homens aguardam, com expectativa, a uns 70 metros de distância. O animal os analisa antes de avançar na direção deles. De repente, depois de um breve reconhecimento, o jovem leão dispara, grunhindo de empolgação, na direção dos dois e pula em seus braços abertos. Com as patas imensas nos ombros dos velhos amigos, o leão lhes lambe o rosto e os acaricia o pescoço com o focinho.

A cena é tão comovente que poderia se passar por um trecho de algum filme hollywoodiano. Mas não é ficção. O impressionante do clipe é como aquele animal selvagem não os atacou, demonstrando um forte e bonito vínculo entre homem e animal. Os dois declararam que: "Quando nos sentamos para olhar fotos antigas e falar de Christian, nos apaixonamos de novo por ele."

A experiência com Christian lhes deixou uma marca indelével. O filhote cativou os dois amigos, ambos criados no campo e apaixonados por animais. "Bourke e eu ficamos horas encantados com o espécime na jaula", recorda Randall. "Ficamos chocados ao ver aquela criatura majestosa à venda e presa em uma gaiolinha e nos sentimos obrigados a fazer alguma coisa. Decidimos que poderíamos oferecer ao filhote uma vida melhor."

"Christian era mesmo excepcional", continua Randall. "Inteligentíssimo, tinha uma personalidade adorável e tranquila, um grande senso de humor. Também era incrivelmente carismático. Todos se apaixonavam por ele e isso facilitou o nosso trabalho." Christian adorava brincar com os donos.

"Ele era um brincalhão incansável", recorda Bourke. "Vinha à noite e inventava brincadeiras, colocando-se entre dois móveis e insistindo para que nos 'escondêssemos' e depois nos procurava pela casa. Também adorava cestas de lixo, primeiro usadas na cabeça, tampando totalmente a visão, e depois destruindo-as."

Em 1971, os dois amigos voltaram à reserva no Quênia com saudades de Christian. Foram recebidos com muita alegria e carinho por ele. Randall conta que as perguntas que todos lhes fazem, depois de assistirem aos vídeos são: "Vocês não ficaram preocupados? Não ficaram com medo? Não acharam que ele ia atacá-los?"

"A verdade é que não tivemos medo algum e nunca duvidamos, nem por um segundo, de que ele ficaria feliz em nos ver e nos receberia de maneira tão maravilhosa. Reconhecemos a linguagem corporal dele, a expressão amorosa e soubemos que estava empolgado. Estava maior, mas ainda era o mesmo leão que conhecêramos tão bem durante um ano", disse Randall, que continua: "Quando assistimos ao vídeo, vimos que ele olhava como se pensasse: "Serão eles?" Não aguentamos esperar mais e o chamamos. E aí chega aquele momento maravilhoso, quando dá pra saber que ele sabe. E então, lá vem ele!" Randall não consegue segurar as lágrimas quando se recorda da empolgação daquele dia, ao ver Christian tão saudável, chefe de seu bando, mostrando a antiga afeição. "Aquilo resumiu a nossa amizade, o nosso amor por ele e o amor dele por nós. Foi o ponto culminante de todo o tempo e de todo o amor que investimos nele." Em 1972, Randall e Bourke tiveram o último encontro com o leão, então, totalmente integrado à vida selvagem. Christian estava mais calmo e seguro de si e, imenso e desajeitado, saltou sobre os dois com extrema gentileza, lambendo e acariciando seus rostos.[25]

Essa história verídica de amor entre homem e animal foi transformada em um filme, cujo título é *Um leão chamado Christian*. Que grande lição de amor e respeito aos animais nos legaram esses dois rapazes australianos, demonstrando-nos que mesmo os animais selvagens são muito receptivos ao amor. Que essa atitude nos sirva sempre de inspiração e que possamos seguir as sábias palavras de Albert Schuweitzer (1875–1965), médico e filósofo alemão, que disse:

> "Não permitas que ninguém negligencie o peso de sua responsabilidade. Enquanto tantos animais continuam a ser maltratados, enquanto o lamento dos animais sedentos nos vagões de carga não sejam emudecidos, enquanto prevalecer tanta brutalidade em nossos matadouros... todos seremos culpados. Tudo que tem vida, tem valor como um ser vivo, como uma manifestação do mistério da vida... Quando o

---

25. HEIDE, K. "Leão na sala de estar". Revista *Seleções Reader´s Digest*. São Paulo. ago. 2010. pp. 125-134.

homem aprender a respeitar até o menor ser da criação, seja animal ou vegetal, ninguém precisará ensiná-lo a amar seu semelhante."

A compaixão pelos animais está intimamente ligada à bondade de caráter, e podemos dizer, certamente, que aquele que é cruel com os animais não pode ser bom e sensível. O respeito pelos animais é uma das mais nobres virtudes da natureza humana. É de nossa responsabilidade lidar com todas as espécies com carinho, amor e compreensão.

Conta uma antiga lenda, "São Francisco no Céu", que o espírito iluminado de Francisco de Assis, legítimo protetor dos animais, um dia substituiu São Pedro na portaria do Céu, quando este tirou férias. Após alguns dias, no entanto, notou-se que menos pessoas estavam entrando no Céu. Um anjo curioso foi ver se descobria o porquê e ficou observando o trabalho de São Francisco. O próximo da fila era um homem bem apessoado, de aparência até nobre. Qual não foi o espanto do anjo quando viu que, enquanto o homem se aproximava de São Francisco, pulou no colo do santo um belo pastor alemão.

– Feroz, aí está o seu antigo senhor. O que me dizes? – perguntou o santo ao cão.

– São Francisco, ele me deixou preso a uma corrente durante toda a minha vida. Chutava-me e me batia todo o tempo... Até que um dia não resisti e estou aqui!

A este homem São Francisco fechou as portas do Céu. Então, foi a vez de uma senhora de aparência bondosa. No colo do santo, estava uma gata persa, que disse:

– São Francisco, ela me mostrava aos amigos que chegavam e passeava comigo. Mas, em casa, me esquecia em um canto e viajava sem me deixar água ou comida suficiente. Quando adoeci, sem ao menos tentar me salvar, ela mandou sacrificar-me e comprou outro pobre animal.

São Francisco também lhe fechou as portas do Céu... Chegou, então, uma jovem. Uma gatinha novinha logo pulou no colo do santo. A jovem disse, assustada:

– Mas nunca tive filhotes! Somente um gato macho que ainda vive!

A gatinha miou baixinho e disse:

– Eu sou um dos filhotinhos que seu gato gerou na rua e que, abandonados e desnutridos, morreram poucos dias depois de nascidos. Tudo porque você não queria castrá-lo nem deixá-lo em casa.

Essa jovem também não entrou no Céu. Finalmente, chegou a vez de um senhor idoso. Mas, quando ele chegou junto de São Francisco de Assis, nenhum animal apareceu. O santo perguntou:

– Nunca tivestes um animal de estimação?

O senhor respondeu:

– Não, não quis animais de estimação.

Verificadas outras pendências, São Francisco abriu as portas do céu para o homem. O anjo, surpreso, disse:

– Mas ele nem gostava de animais, tanto que nem os teve!

E São Francisco respondeu:

– Ter animais não é o mais importante. Os homens que dizem gostar e os têm e os tratam mal se esquecem que seus animais de estimação não são criaturas de sua propriedade, mas criaturas de Deus, aos homens confiadas para alegrar sua vida. Estes sim prestarão contas de como cuidaram dos animais sob sua responsabilidade.[26]

---

26. "São Francisco no céu." Disponível em: *Blog Minuto Poético*, www.minuto.poetico.nom.br. Acesso em: 2/9/ 2010.

Ao terminar a leitura deste livro, talvez você tenha ficado com algumas dúvidas e perguntas a fazer, o que é um bom sinal. Sinal de que está em busca de explicações para a vida. Todas as respostas que você precisa estão nas Obras Básicas de Allan Kardec.

Se você gostou deste livro, o que acha de fazer com que outras pessoas venham a conhecê-lo também? Poderia comentá-lo com aquelas do seu relacionamento, dar de presente a alguém que talvez esteja precisando ou até mesmo emprestar àquele que não tem condições de comprá-lo. O importante é a divulgação da boa leitura, principalmente a da literatura espírita. Entre nessa corrente!